梵高

Vincent van Gogh

梵高

Vincent van Aogh

皮波人物国际名人研究中心 编著

国际文化出版公司

·北京·

图书在版编目（CIP）数据

梵高/皮波人物国际名人研究中心编著. --北京：
国际文化出版公司，2013.2（2024.2重印）
（名人传记丛书）
ISBN 978-7-5125-0447-9

Ⅰ.①梵… Ⅱ.①皮… Ⅲ.①梵高，Ⅴ.
（1853～1890）—传记 Ⅳ.①K835.635.72

中国版本图书馆CIP数据核字（2012）第269593号

梵高
————

作　　者	皮波人物国际名人研究中心　编著	
责任编辑	宋亚昍	
统筹监制	葛宏峰　刘　毅　周　贺	
策划编辑	刘露芳	
美术编辑	丁鍖煜	
出版发行	国际文化出版公司	
经　　销	国文润华文化传媒（北京）有限责任公司	
印　　刷	北京一鑫印务有限责任公司	
开　　本	700毫米×1000毫米　　　16开	
	9印张　　　　　　　　　80千字	
版　　次	2013年2月第1版	
	2024年2月第3次印刷	
书　　号	ISBN 978-7-5125-0447-9	
定　　价	34.00元	

国际文化出版公司
北京市朝阳区东土城路乙9号　　　　邮编：100013
总编室：（010）64270995　　　传真：（010）64270995
销售热线：（010）64271187
传真：（010）64271187-800
E-mail：icpc@95777.sina.net

目录

目录

孤僻的小梵高

充满期盼的诞生

　　梵高是 19 世纪最伟大的画家之一，他是表现主义的先驱，对 20 世纪的艺术有着深远的影响。我们将一起沿着梵高绚烂而短暂的生命轨迹，去深刻了解他独特而矛盾的一生。

　　1853 年 3 月 30 日，梵高出生在荷兰南部北布拉班特省的一个名叫津德尔特的小村庄。这里与比利时的国界相邻，还是个偏僻落后的地方。田野里看不到色彩鲜艳的郁金香，周围的景物呈现出一片灰色，令人不由自主地忧郁起来。这里的村民们都过着平静、沉寂的生活，波澜不惊。

　　在荷兰，梵高家族是个著名的古老家族。家族中曾经出现过很成功的美术商和军人，曾有过一段辉煌的岁月。梵高的祖父文森特是一名牧师，父亲西奥多卢·梵高也是一名牧师。

　　西奥多卢牧师不是一个很有才能的人，还缺乏口才。他讲道的内容平淡无奇，表情和声音显得很笨拙、了无生气。总之，他不是一个优秀的牧师，在他的身上缺少燃烧的激情。对于西奥多卢的表现，亲友们都很失望，因为他没指望可以继续升职了。但西奥多卢是一个认真负责、忠于职守、做事谨慎的人，村庄里的居民都很喜欢他。他温和的眼神、博大的胸怀和亲切的态度，使任何人都愿意接近他。

梵高家族在当时还是很有社会地位的，因为西奥多卢的兄弟都是很能干的人。他的兄弟中有的是大画商，甚至还开有全欧洲著名的画廊；还有一个是海军司令。在梵高的一生中，他的叔叔、伯伯都曾给予过他极大的帮助。

梵高的母亲安娜·科妮莉娅·卡本特斯出身于一个很体面的家庭，她的父亲担任荷兰第一部宪法的王室附录制作工作。不幸的是，卡本特斯家族的健康状况很糟，有遗传性的精神方面的疾病。安娜的一个兄弟就是因为有羊痫风而夭折。安娜虽然并没有这方面的疾病，但是在她身上偶尔也能显现这种迹象。平时她性格温顺柔和，一旦遇到违背她意愿的事情时就会变得异常激动，时常会有些神经质般的多愁善感，甚至歇斯底里。

西奥多卢在 29 岁的时候，与大他 3 岁的安娜结婚了。虽然安娜有时过于敏感，但是她非常勤劳、善良，是料理家务的好手。她在庭院里种上蔬菜和果树，房子周围也盛开着她精心种植的各种鲜花。家里家外在安娜的操持下有条不紊，家庭生活安逸平静，全家人每天都过得十分愉快。安娜经常和牧师丈夫一起带着小礼物去探望和帮助生病或生活有困难的邻居。

他们结婚后不久，就生下了第一个孩子。西奥多卢牧师为儿子取名为文森特。这个名字一方面是为了纪念梵高成功、显耀的祖父，并且梵高的伯伯也是这个名字；另一方面是取自这个名字本身是"胜利者"的意思。他们殷切盼望这个孩子将来能够光耀门楣。没想到的是，这个孩子才活了六个星期就夭折了。安娜和西奥多卢悲痛不已，他们亲手把孩子的尸体埋在附近阿拉伯橡胶树下的墓地里。

他们稍稍感到安慰的是，没过多久安娜再次有了孩子。1853年3月30日，一个男婴呱呱坠地。这天恰好是上一个夭折的孩子一周岁生日，真是不可思议的巧合。为了纪念失去的孩子，他们仍然为儿子取名为文森特，全名是文森特·威廉·梵高。这个小男孩就是后来的伟大画家梵高。

以自然为伴的童年

梵高的家在面向村子的那条直线道路旁，是一栋外表豪华的牧师公馆。后来，在这里又相继出生了五个孩子，三个女孩、两个男孩。1857年5月1日，弟弟提奥出生了。他是梵高一生的知己和生活资助者，可以说没有他，就很难有成就非凡的梵高。

小小的牧师公馆住着六个孩子，虽然热闹，但是整天哭喊、吵闹声不断。每当西奥多卢牧师要准备明天的讲道内容时，常常要呵斥吵闹的孩子们使他们安静下来。梵高是孩子中最安静的一个，他从不和弟弟妹妹们一起嬉笑玩耍，只喜欢一个人安静地待在一边或到田野里散步。他尤其喜欢亲近自然，欣赏种类繁多的花草，观察不同的昆虫、鸟类。

梵高也是所有孩子中脾气最古怪的一个。他较多地遗传了母亲的性格，倔强而敏感，有时甚至不可理喻的固执。他会因为一点小事大发脾气，生气时浑身颤抖、无法控制。谁也弄不明白他的心里到底在想些什么，可能他自己都不知道自己想要什么。一些引起他兴趣的事情让他莫名其妙呈现狂热的态度，而后又会因此而懊恼万分、痛苦不已。家里的人对梵高的脾气都感到束手无策。

弟弟妹妹们也很怕他。梵高长得很瘦弱，一头红色的鬈发，但他情绪激动时眼睛会发出愤怒、哀怨的复杂光芒。他的身上有一种眼睛看不到的粗犷、野性的力量，使人望而生畏。安娜和西奥多卢对梵高却很宠爱和宽容，也许是因为梵高的出生弥补了他们失去第一个孩子的痛苦吧。梵高的性格也确实令他们感到难以控制。

一天，梵高的外婆从普雷达来看望他们时，梵高正在大发脾气。外婆感到忍无可忍，顺手给了小梵高一个巴掌，愤怒地说："你这个坏孩子，非给你教训不可！"然后把梵高推出门外。她又对女儿安娜说："我养过十二个孩子，从来也没有看过这样任性的家伙。你们应该好好管教他才行。"安娜听后默不作声。因为梵高曾经只是摔了一跤就气得一天不肯开口，谁也拿他没有办法。

8岁的时候，梵高画了他一生的第一幅画——素描的一只猫。他兴冲冲地把画拿给母亲看。安娜见他画得很好，夸奖了他一番。哪知得到母亲的夸奖后，梵高竟然立刻把画撕了。还有一次，他用黏土捏了一个小小的人像，黏土人像非常逼真，全家都拍手叫好，梵高却马上把它摔坏了。没有人能够理解梵高的行为和心理，弟妹们大多都疏远他，因为他实在是太不可捉摸了。

梵高的妹妹伊丽莎白曾写过一本书，书名是《回忆哥哥梵高》。书中有一段描述童年时梵高性格的话：

大哥没有理会我们，匆匆忙忙地从我们面前走出去。我们的目光跟着他的脚步走出庭院，走过牧场，消失在往河川去的路上。当然，我们都知道大哥要去哪儿。因为他的手里拿着一个玻璃瓶和一捆渔网。

虽然我们也很想一起去，但没一个人会说："也带我去吧。"事实上，谁都知道大哥决不会带我们一起去的。

大哥有特别的办法，用来捕捉生活在水中的昆虫。不管任何形状或大小的虫，都逃不出大哥的手掌。回家后，大哥把捉到的昆虫一只只很小心地放进小盒子里，然后在一张白纸上，分别用清楚的法文给它们取名。这些名字只有大哥有能力记住，别人都无法分辨清楚。

平日里，大哥决不接近村里的人。他常常跑到原野或森林里去观察刚发芽的小植物，或是小鸟的生活习性。对于小鸟的生活习惯，他都了如指掌。他知道各种鸟的名字、它们分别住在什么地方、以什么样的方式生活。

倘若看到一群云雀飞到麦田里，他立刻就知道它们将会
停在何处、做什么事，结果全和他说的一样。

想必是大自然和大哥说了不少的悄悄话吧。

梵高在村里的小学读书，他的同学大都是贫苦的农家子
弟和纺织工人的孩子。他们行为粗鲁，经常口吐脏字，梵高
很快沾染上这些恶习。他常常和同学吵架、反抗老师、不守
校规，学校里的老师们为此都伤透了脑筋。梵高的班主任经
常来找西奥多卢牧师，诉说梵高的恶劣行为。他请求西奥多
卢快点想个解决的办法，他已经快要崩溃了，实在不行就让
梵高退学吧。

西奥多卢牧师对自己的大儿子也无可奈何，只得抱歉地
请老师原谅梵高，他相信梵高的本质并不坏。对所有人来说，
梵高就是一个到处惹人头疼的古怪的孩子。这时，只有梵高
的弟弟小提奥不这样认为。提奥除了和梵高是一样的红色鬈
发外，身材和性格都像极了西奥多卢。他不仅举止大方得体，
还很善于交际。

小提奥从哥哥画出的花朵、桥梁、狗、风景中，都感受
到了梵高细腻、温顺的情感和丰沛的感情。他觉得只有从这
些画里，才能真正认识和理解自己的哥哥。每当看见别人对
梵高责怪、讽刺时，他会非常愤怒并越来越同情哥哥。梵高
能清楚地感受到小提奥对他的亲密的情感，他对小提奥也产
生了从未有过的强烈的手足之情。

童年时期的小梵高

一天，梵高准备出去散步时，主动提出要和小提奥一起去。提奥激动极了，连忙点头答应。他们俩绕着田野、池塘慢慢地走着。梵高一边指着各种各样的花草、昆虫、鸟类，一边用带着羞涩、神秘的语气小声地给提奥讲解它们的名称、作用、习性。提奥在梵高的解说中渐渐地入迷了，他惊奇地发现这些平常事物在哥哥的嘴里是那么的新鲜和生动。

他们坐到池塘边的柳树下，拿出钓竿来钓鱼。梵高好像并没有把心思放在钓鱼上，他有时用虚无缥缈的眼神望着天上飘浮的云朵，有时又目不转睛地注视微风激起的水上波纹。提奥被梵高脸上的表情感动了，他愈加崇拜起哥哥来。两人的感情也与日俱增。

1866 年，西奥多卢牧师把已经小学毕业的梵高送到泽芬伯根寄宿学校去就读。梵高虽然不算是优秀的学生，但也不像以前那样爱发脾气。西奥多卢对梵高的改变，心中稍稍有了安慰。

梵高喜欢看书，小说、哲学、神学等每一样都去涉猎。他唯独对课本不感兴趣，因此成绩并不好，梵高自己对此并不在意。

放假回家时，梵高依然喜欢和提奥一起去散步。他们的感情在散步的路程中越来越坚固。梵高向提奥细致地诉说着自己感兴趣的书和内心对书的理解。他向提奥说起这些的时候，就像在说着自己的小秘密，激动而兴奋。

梵高仍旧只愿意活在自己的世界里，他极度厌恶别人注意他、观察他。除了和提奥出去散步，其他的时间他就躲在房间里看书，偶尔还会因为一些事大发脾气。西奥多卢看着把脸隐藏在帽子底下、驼着背的梵高，心里非常担忧。这个孩子生下来的时候，他曾对他寄予很大的期望，希望儿子能成为有成就的人。现在看来，这个愿望太渺茫了，可能永远也实现不了。

努力的画行职员

梵高在泽芬伯根寄宿学校上学后没多久，就转到了蒂尔勃格的文法学校。1868 年 3 月，梵高从学校毕业。这时，梵高已经 15 岁了，到了可以找工作的年龄。为此，西奥多卢牧师日夜烦忧、寝食难安，他不知道喜欢远离人群、不善于应酬的梵高可以从事什么工作。忽然，他想到了自己当画商的哥哥和弟弟们。

梵高的同名伯伯文森特是一个成功的大画商，他还是巴黎、柏林、布鲁塞尔、海牙和阿姆斯特丹等地古皮尔画行的合伙人，拥有许多股份。现在他已经不做生意了，回到安静的城镇过着富裕的生活。文森特的妻子和安娜是亲姐妹，因此两家的关系更加亲密。每当他来探望梵高一家时，孩子们总是兴高采烈，因为他会带着大包小包的水果、玩具作为礼物。梵高曾在文森特伯伯家见过许多珍贵的美术品，这无疑可以提高他的艺术欣赏能力。

文森特也非常同意让梵高从事画商方面的职业。他虽然家产庞大，但是膝下无子，暗自希望有一天梵高可以继承他的事业。

文森特为梵高给古皮尔画行的经理多德雷赫特写了一封介绍信，让梵高去那儿工作。古皮尔画行是当时最大的画行，梵高很乐意去那儿做事。

1869 年，梵高离开自己生活的小村庄，前往古皮尔画行的海牙分店工作。

西奥多卢忧心忡忡地将梵高送出门，他祈祷梵高能顺利地工作、生活。看着梵高渐渐远离的背影，他仍然舍不得离开，一直到再也看不到一点儿人影。

梵高很快适应了古皮尔画行的工作，他每天都可以为画行卖出去很多幅复制画。虽然他仍然孤僻，稍稍有些神经质，但是他还是努力与同事们好好相处。

梵高对包装或拆卸行李十分拿手，而且店里所有的油画、复制品、木版画和铜版画等，他都能记得一清二楚，这一点给顾客们留下了良好的印象。

多德雷赫特经理曾给西奥多卢牧师写过一封信，极力赞扬梵高的认真和诚实。他说，梵高工作起来劲头十足，将来一定能在这方面获得相当高的成就。虽然有时候梵高会与买画的客人发生一些争吵，可能是没有习惯的缘故，相信不久以后就会改正过来。西奥多卢收到这封信后，感到安心多了。

梵高的生活非常规律，除了工作外，每个星期日他要么到美术馆去欣赏历代名家的作品，要么就留在房间里读书。就这样，匆匆度过了三年。

兄弟俩开始通信

1872 年 8 月的一天，提奥忽然前来探望梵高。梵高见到许久没见的弟弟，十分高兴。

提奥已经长成大人了，已经不是当初跟在哥哥后面的小男孩了。他体格健壮、思想成熟，梵高可以和他随意谈论任何话题，提奥的看法也深得梵高的同意。他们之间一种平等的、成人式的新感情开始了。

提奥回去后，立刻给梵高寄来了一封信。梵高在看完信后就迫不及待地拿起笔给他回信。信的内容是这样的：

亲爱的提奥：

感谢你的来信，很高兴你平安到家了。今天下班当我回到住地后，没有看到你觉得很不习惯，现在这种感觉越来越强烈了。

我们在一起的这几天，十分的愉快。尤其是一起散步，到处游玩，令我更加难忘。

　　现在的天气很令人讨厌，你每天要步行去学校，想必很热吧。昨天的博览会里有赛马，可惜天气有些糟糕，幸好你没有留下来观看，否则会失望的。

爱你的 文森特

　　提奥看望哥哥回去后，很受感动，他暗自下定决心，也要努力干出一番事业来。一段时间以后，西奥多卢牧师和哥哥文森特商量后，决定让提奥到古皮尔画行在布鲁塞尔的分店去工作。梵高知道了这个消息后，立刻写信给提奥。

亲爱的提奥：

　　刚看完爸爸的来信，这真是一个好消息，我衷心地为你高兴。

　　你一定会喜欢这份工作的。事实上，这也是很伟大的事业。你一旦投入进去，会越来越喜爱这份工作。我一想到我们现在做着相同的工作，而且在为同一家画行做事，真有说不出的高兴。今后一定要常常通信，保持联系。

　　我希望在你工作以前跟你见面，有许多话想和你聊。

　　布鲁塞尔是一个美丽的城市，刚开始工作你也许不习惯，可以经常给我写信。

因为时间仓促，这封信写得很简单。当我听到这个消息后，迫不及待地要把我兴奋的心情赶快转告你。

祝你幸运，请你永远相信我。

爱你的 文森特

1873 年的新年，梵高又给提奥写了一封信。

亲爱的提奥：

家里的来信说，你已经到达布鲁塞尔了，而且对那里的印象非常好。

因为人生地疏，开始难免有些不习惯。可能还会有些孤独的感觉，但是不要气馁，情况会逐渐好转的。

你的近况如何？住宿舍是否习惯？请你来信告诉我。爸爸来信说，你们的经理很赏识你，这真是太好了。我想他一定是个好人，你应该向他学习才对。

新年期间比较忙，今年行情很好。我的薪水已经增加，现在的月薪是 5 镑，生活舒服极了。

爱你的 文森特

新年过后不久，古皮尔画行决定把梵高调往伦敦的分店去。伦敦是著名的城市，梵高对即将到那儿工作感到很兴奋。他立即写信把这个消息告诉提奥。

亲爱的提奥：

画行决定把我调往伦敦分店去，不久就要出发了。伦敦的生活方式一定跟这里不同，我很想到伦敦去见识见识，却又有点舍不得离开这里。

画行的命令，我是一定要遵守的。如果想把英文学好，这倒是一个好机会，其实阅读与会话完全是两回事，会读不一定会说。

你的工作如何？已经完全习惯了吗？两周前，我到阿姆斯特丹看展览会，因为在那里能够看到英国画家的作品。

今年夏天如能住在这里，该有多好！不过，我们必须要克服一些现实问题才好。

再见。

爱你的 文森特

梵高到伦敦去的途中，曾在巴黎的古皮尔画行总部停留了几天，这几天他出去参观了美术馆的美术展。

他在这里见到了各式各样的名画和雕刻，给了他许多技巧上的帮助。

梵高终于抵达伦敦了。伦敦果然是一个大都市，路上的马车来来往往，络绎不绝。泰晤士河上的小船不停地穿梭着，一切都是繁荣而忙碌的样子。

古皮尔画行位于市中心，每天从早晨9点开始工作，一直到下午 4 点。

梵高一早就戴着正式礼帽，穿戴整齐赶往画行。因为别人曾忠告他说："如果想在伦敦做生意，一定要服装整齐，戴上礼帽。"在伦敦的工作不像之前那么忙碌，梵高经常利用闲余时间到处观赏。

梵高经常带着纸张和铅笔，在泰晤士河边瞭望泰晤士桥进行素描，但是他往往对自己的作品感到不满意。

诚挚的传道者

失去心中的天使

在伦敦工作后不久，梵高重新租了一间房屋。房东是一位法国牧师的未亡人洛耶夫人。她和女儿厄休拉一起住在这里，她们还开办着一间小幼儿园。厄休拉·洛耶今年19岁，长得亭亭玉立，她有着娇嫩的鲜花般的脸蛋和苗条又充满活力的身材，一双水汪汪的大眼睛，脸上总是挂着迷人的笑容。

梵高安顿好自己后，给提奥写信诉说近况。

我对于现在住的地方相当满意，常常到周围去散步。附近很幽静，我的心情每天都很好，精神饱满。能够找到这种环境，我认为很幸运。

周末，我跟两位英国朋友一起在泰晤士河上划船，风景优美极了。

对于绘画，你若想要有丰富的知识，非得下一番苦功不可。你应该尽可能到美术馆去观摩鉴赏。你要经常散步，爱好自然，因为这是进一步理解艺术的方法。画家教导我们要热爱自然、了解自然。凡是真正热爱自然的人，到处都能发现美的存在。

我现在每天都很忙，而且开始尝试种植。我在一个小庭园里，栽植各种花草。看起来挺不错的，是吗？

梵高见到厄休拉的第一眼就爱上了这个姑娘。每天早晨厄休拉与梵高一起吃早饭的时候，是梵高最为兴奋、幸福的时刻。他时时在想，要是能这样和厄休拉一起吃一辈子的早饭，那该有多好。

厄休拉麻利地端上一片火腿、一只鸡蛋和一杯浓红茶。她轻快地坐进桌对面的一张椅子里，拍一下脑后的棕色鬈发，一边对梵高微笑，一边迅速地把盐、胡椒、白脱和烤面包一一递给他。他们谈论起梵高种植的花草，并决定一起去看看。厄休拉和别人对话时有一个习惯，就是喜欢使用第三人称，好像对方不在似的。

梵高狼吞虎咽地吃着早餐，他的表情、举止都十分笨拙。他极力想在厄休拉面前表现得很得体，但是他无法控制自己。梵高想向厄休拉表白，却不知道怎样说才好。他结结巴巴地张了几次嘴，还是没有把心里话说出来。

他们吃完饭后走到院子中。这个时节的早晨还是有些寒冷的，不过苹果树已经开花了。一个小小的花园把他们的住房与幼儿园隔开。几天前，梵高种下的木犀草已经发芽了。他们蹲在木犀草的两边观看着。厄休拉问梵高，答应为她的幼儿园所弄的那张布拉班特风景画怎么样了。

当听到梵高说快要弄好了后，厄休拉兴奋地拍着双手，摇摆着腰肢，转了一圈。她对梵高说："您有时候还是非常可爱的。"梵高听到赞美后，心中的兴奋之情无以言表。他紧接着对厄休拉说："我睡觉的时候，给你想出了一个名字，叫'孩子们的天使'。"厄休拉听后非常喜欢，忙把这个名字告诉自己的妈妈。

梵高戴好礼帽，慢悠悠地向画行走去。他穿过铺着厚地毯、挂着鲜艳帷幔的大厅，看到一幅油画，描绘一条6英尺长的鱼龙之类的动物，它的上方有一个小人儿展翅飞翔。这幅画题为"天使长迈克尔杀死恶魔"。穿过陈列着密莱司、鲍顿和透纳作品的图画大厅后，便是店内的第二个房间。这个房间里面陈列着铜版画和石版画。第三间房比其他两间更像交易的地方，大部分的销售就在这儿进行。

梵高在这儿工作一段时间后，就十分清楚自己出售的都是一些没有价值的作品。到店里来的大多数主顾，对他们所买的画压根儿一无所知。他们很乐意付出昂贵的代价，买走那些自以为很高档的作品。梵高甩开这些想法，这和他有什么关系呢？他要做的就是使画行的生意兴隆。

梵高自从爱上厄休拉后，对待同事更加热情了。他不愿意再做个古怪的人，努力去博取周围人的好感。梵高打开巴黎总部寄来的包裹，里面是给厄休拉的画。他暗暗下定决心，今晚把画交给厄休拉时，一定要向她表白。梵高已经快21岁了，而且他现在每月可以挣到5镑，足够养家了。

下班后，梵高怀着激动的心情回到住地。他不禁坐在镜子前打量着自己，他的脸和头与英国人相比显得笨重；宽阔的额头；眼窝很深，眼睛像是刻在深邃的岩石中；鼻子又高又挺；脖子短粗；厚实的下巴。他以前很少关注自己的外貌，而且在荷兰长相并不是很重要的一件事。

梵高从小就很孤僻，是个理想主义者。他从来没有爱过一个姑娘，甚至从来没有正视过一个姑娘，这一次是他的初恋。

梵高走到会客室时，厄休拉正在等他。他们一起到幼儿园的教室去挂那幅画。路一片漆黑，厄休拉的手指轻轻地拉住梵高粗糙的黑上衣的袖口。她脚下绊了一下，把他的手臂抓得更紧了。她对自己的笨手笨脚笑了起来，笑得那么高兴。梵高不明白她怎么会感到绊脚好玩，可是他喜欢她的笑。他把幼儿园的门打开，让她过去。她那漂亮的脸在他的脸旁擦过，她的双眼注视着他的双眼，似乎在回答他那尚未提出的问题。

他们把画挂好后，梵高还是没有把那些话说出来。两人之间发生了一个意味深长的停顿。他能感觉到她在向他靠拢，在等待他倾吐些什么。梵高接连几次舔舔嘴唇，仍是沉默着。厄休拉转过头去，略略耸肩地盯着他，然后跑出门去了。

梵高生怕错失良机，紧紧跟上去。厄休拉停下脚步转过身来看着他，她把下巴埋在暖和的肩巾里，瞪大眼睛。梵高断断续续地说："我是要告诉你，就是……就是……我想该让你知道。今天我提升了……我将调到石版画室里……这将是我一年之中的第二次加薪。"

厄休拉皱着眉头说："对不起，梵高先生，您是什么意思呢？"梵高感到她的声音有点冷冰冰的，他顿时恼恨起自己的笨拙来。

梵高深深地吸了一口气，说："我想告诉你，厄休拉，这件事你已经很清楚了。我全心全意地爱你，唯有你做我的妻子，我才会有幸福。"厄休拉在听到这句话的一瞬间感到很惊奇，不由得瞪大了眼睛。

厄休拉提高了声音说："这不可能！梵高先生。您怎么会不知道，我在一年前就已经订婚啦。您没有见过我的未婚夫吗？您来之前，他就住在您的房间里。我还以为您知道的呢。"梵高被这个刚刚得知的消息惊呆了。

第二天早晨没有人来叫醒梵高。他没精打采地起身，胡乱地刮了一圈胡须。吃早饭的时候，厄休拉没有露面。梵高心不在焉地往市中心走去，昨天早晨看到的人们从他身旁走过时，他发觉他们全变了样。他们显得那么孤寂，匆匆忙忙地赶去干那无聊的活儿。

梵高这一天售出了许多幅彩色画，给画行赚了不少钱。然而他已经失去赚钱的兴趣了，因此对顾客们很不耐烦。那些人完全不懂得鉴别艺术上的好坏，却似乎独具挑拣那些造作、平庸和廉价图画的本领。同事们平日就不大喜欢梵高，现在大家都觉出了他的不对劲，更不愿意理会他了。

　　晚上，梵高走进餐厅时，厄休拉和她的母亲正在悄声地谈话，看到他后，便都不出声了。洛耶夫人用奇怪的声音向他问了晚安。梵高独自一人在大餐桌上吃饭。厄休拉的打击把他击昏了，但没有把他击败。他根本不接受"不"这个回答。厄休拉却不愿意与他多说一句话。

　　梵高为此吃不下、睡不着，每天都焦躁不安，在画行的销售额也降得厉害。过了好些天，梵高才有机会与厄休拉说话。他先道歉，然后表明自己的心意是真诚的，不会改变的。厄休拉面无表情地听着，不愿意重提旧话。

　　梵高仍然没有放弃，他不断地向厄休拉表明心意。他本来的性格又全部恢复了，如果不能和厄休拉在一起，他宁愿自己一个人待着，变得比以前还要忧郁、孤僻。

　　梵高的假期到来了。在梵高准备回家度假的前一天，洛耶夫人让梵高把东西收拾收拾，她不想再把房子租给他了。她告诉梵高，这是女儿未婚夫的意思，如果不是他一直纠缠着自己的女儿，也没必要把他赶走。梵高听后，没有说话，转身向自己的房间走去。他眉头紧锁，脸上的表情像雕刻般僵硬。他胡乱地将东西收拾好，准备明天一早就离开这儿。

　　西奥多卢牧师驾车到布雷达火车站接他的儿子。他穿得整整齐齐，见到梵高后露出了温和欣喜的笑容。安娜在窗边望着，她看到丈夫驾着的车正远远地驶来，车尚未停稳，她就忙把屋门打开了。

　　安娜欣喜地把儿子轻轻抱住，她慈爱地叫着儿子的名字。

当她把儿子松开，温柔地打量着他时，她立刻觉察出他的不对劲。梵高的眼窝深深地陷进去，脸颊消瘦，脸色苍白。安娜在心里想着儿子身上究竟发生了什么事，但她没有询问，只是温柔地把梵高拉进屋。

晚上，梵高一家人亲热地在灯光下共聚晚餐。梵高勉强打起精神，但是看起来他仍是给人很难接近的感觉。吃过晚饭后，安娜问他出了什么事。梵高回答"没有"。西奥多卢牧师认为可能是梵高不喜欢待在伦敦，就立刻提出给文森特伯伯写信把梵高调到巴黎去。

梵高立刻激动又不耐烦地高声拒绝。安娜从儿子的态度中像是明白了一些，她想可能是哪个姑娘的原因。

梵高家附近的荒原上长着松树和橡树林。梵高独自一人在田野里游荡，来消磨白天的时间。他画了几张速写，有花园、从窗口见到的星期日午市的情景、窗外的景色，等等。只有在画画的时候，他的脑海中才能摆脱关于厄休拉的记忆。

一天，西奥多卢牧师叫上梵高一起去探望生病的农民。路上，西奥多卢牧师告诉梵高，一直希望他能继承自己的牧师职业。当然，梵高也可以选择去阿姆斯特丹上大学。梵高回绝了父亲的建议，他还是希望能回到伦敦。

梵高的假期结束了，安娜和西奥多卢牧师一起把他送到火车站。梵高告诉他们，他将会重新租个地方住。安娜很高兴梵高的这个决定。

回到伦敦后，梵高在新肯辛顿街租下一间带家具的房间。

房东是个老太太，每天晚上很早就上床休息了，房子里整天没有一丁点儿声音。天天晚上他都要经历一番艰苦的思想斗争，他真想往厄休拉家奔去。

痛苦在梵高身上起着奇妙的作用，使他对别人的痛苦很敏感，使他对周围那些"粗俗"的上流人很反感。当顾客们问他对某一作品的看法时，他会毫不含糊地告诉他们那是多么蹩脚，结果他们便不想购买了。他在痛苦中敏锐地觉察出艺术家表达了痛苦的那些作品的真实性。

1874 年，塞尚、莫奈、雷诺阿、德加等现代著名画家在巴黎举行美术展览会。当时，美术评论家们对他们的评论不佳，甚至一位大评论家还讽刺了莫奈的《日出》。当时，梵高也去看了美术展，不过这些没能给他安慰。

一位穿着花边高领、高胸衬衫、黑貂皮外衣，戴着蓝羽饰的天鹅绒圆形帽的胖太太走进店来。她想为新买的市内公馆挑选几幅画。她傲慢地对梵高说："我要店中最好的画，你不必计较价钱。"

梵高花了大半个下午，试图卖给她几张根据伦勃朗作品复刻的铜版画、一张透纳的威尼斯水景的出色摹品、几张马西斯·马里斯的复印石版画以及博物馆摄制的柯罗的画片。这位太太却坚决认定梵高给她介绍的画没有一点水平，反而很满意那些实际上很糟糕的画。梵高一直极力控制反感的情绪，直至再也无法忍受她的愚蠢和自以为是。梵高用轻蔑的口气说："你闭着眼睛随便拿一张都不会比这些更糟糕。"胖太太听后暴跳如雷，气得浑身发抖。

经理因为梵高丢掉了这笔大生意，恼怒不已。他告诉梵高，如果再有类似的事情发生，将会采取行动把梵高调到其他地方去。梵高很不服气，他高声说："我们怎能出售毫无价值的东西来牟取高利？为什么只有那些出得起价却对真正的艺术作品毫无见识的人，才能走进画店？难道因为富人的钱就使我们变得麻木不仁了吗？那些真正懂得鉴赏的穷人，没有一分钱买画来装饰他们的墙壁又是什么原因？"经理对梵高的说法不屑一顾，他除了赚钱外，什么都不关心。

梵高回到住处后，拿起桌子上的一册勒南的著作，翻到作着记号的一页。上面写着，"一个能舍弃欲望的人，方才能做到志洁行廉。人活着，不仅要做一个诚实的、幸福的人，还要做出一些崇高的事情，不要被庸俗的生活羁绊"。

第二天梵高乘船回到荷兰。古皮尔画行的经理对梵高的无故离职很不满，决定辞退他。

从事不同的职业

梵高对文森特伯伯说，他再也不愿意从事画商之类的职业了。文森特对于梵高的决定很生气，但还是给梵高介绍了一份书店职员的工作，工作的地点在多德雷赫特的布吕塞。

在书店工作的几个月，梵高一直心不在焉。他既不感到快乐，也感到不难过；既没有很好的业绩，也没有失职。

这一年，西奥多卢牧师被委任到埃顿，梵高全家都迁过去了。西奥多卢牧师再次建议梵高到阿姆斯特丹上学。梵高犹豫不决，他在心底对厄休拉还抱有一丝希望，因为她并没有结婚。

梵高给报纸上的招聘方寄去几封求职信，最后得到了一个在拉姆斯盖特的教师职位。那是一个海港城市，乘坐四五个小时的火车，便能到达伦敦。学校的校舍坐落在一块方形场地上，四周围着铁栏杆。到达学校后，梵高给提奥写信：

亲爱的提奥：

星期天的离别，使我终生难忘。早晨爸爸在教堂讲道，做完礼拜就到下午了。爸爸和小弟一起把我送上车。从车窗上能非常清楚地看到外面，最后映入我眼中的是教堂的尖塔顶。

第二天早晨，我坐火车前往伦敦。我在火车上目睹了天亮前的曙光，真是美极了！黑色麦田、绿油油的牧场，到处是花丛和巨大的树木。

拂晓的天空，点缀着几颗微微发光的星星。地平线的前方看得见灰色的云彩，云雀的叫声响彻在晨曦绽现的前一刻。

抵达伦敦两个小时后，我又搭汽车前往拉姆斯盖特。这一段路程需四个半小时。一路所见令心情很不畅快，地面乱草丛生。一路上到处可见树木茂密的丘陵，类似故乡的小丘，却令人怀念。

途中经过肯塔贝利市，街道上古木参天，庄严的大教堂随处可见。有关这里的景色的绘画，我经常在美术馆里见到。

"拉姆斯盖特还没到。"我一边在心中暗想，一边仍眺望窗外的风景。

下午一点钟到达斯多库斯牧师的家，房屋在广场的中央，那里是大片草地。周围有铁栏杆，栏杆上积满灰尘。这里只有二十四位十岁到十四岁的儿童，不算是一所大的学校。从餐厅可以看到大海。

……

熟悉学校的环境后，梵高又给提奥写了第二封信。信中说，他在学校的日常工作是兼任学生的法语、德语、算术老师，还要在课后照顾他们，而且在周末要给他们洗澡、整理房间。还说他在学校有一间专用的房间，只是房间四处空荡荡的，他准备挂一幅版画。在这工作的不好之处是，只提供食宿，但不支付一分钱的工资。当然，留在此地不是长久之计。

这是一个单调乏味的地方，却符合梵高的心境，但他思念厄休拉的心情愈加迫切。他在星期六的早晨就步行很远的路程到伦敦去，没有吃饭和住宿的钱，就在树林边坐着休息。随着冬季的到来，他还要忍受着寒冷，经常饥肠辘辘、浑身发抖。每次来到厄休拉家的门口，他又踟蹰着不敢敲门，看一会儿后满足地转身回去，像是已经见到心爱的人一样。这样一直持续了几个月。他在心中躲避着厄休拉已经订婚的事实，总想象着自己与她结婚的场景。

梵高的雕塑

不久后，梵高在艾尔沃思的琼斯牧师的监理会学校中找到一个较好的职位。琼斯是一个大教区的牧师，他雇佣梵高当教员。

琼斯牧师的那些穷学生都来自伦敦。校长把这些学生的家庭地址交给梵高，派他步行到那儿去收学费。这些家庭居住的街道发出一股令人作呕的气味，许多人员众多的家庭，拥挤在冰冷的、空荡荡的房间里，一双双瞪大的眼睛中流露出饥饿和疾病的神色。

梵高很乐意到伦敦出差，因为这使他有机会在归途中经过厄休拉的房子。梵高第一次向学生家长收取费用时比较顺利，但之后可就难了。琼斯牧师又派梵高担任副牧师，让他上台讲道。

梵高战栗着登上讲道台，他的声音嘶哑，不断地停顿。他努力抑制自己的紧张，回忆在纸上写得清清楚楚的措辞得当的句子。这些支离破碎的词句和乱七八糟的手势，使他的精神突然振奋起来。

琼斯牧师决定让梵高到里士满去讲道。里士满的居民们纷纷写信表示欢迎。梵高宣讲的内容是："我是世上的一个陌生人，别对我秘守你的十诫吧。"他以真挚的感情讲述，给教友们以不寻常的感染力。非常成功是对这次讲道的评价。

梵高立刻带着巨大的成功的喜悦，去找厄休拉。他几乎想在一瞬间出现在她的面前。黄昏的时候，他终于到了，结果听到了屋里传来喜庆的歌声和欢笑声，原来厄休拉结婚了。梵高步履维艰地离开那儿，他的心被撕成小小的碎片。他决定永远地离开英国。

坚定的传道决心

进入大学攻读神学的想法，确定了梵高的下一步目标。他的叔叔们都愿意给他提供帮助，在阿姆斯特丹经营美术生意的叔叔承诺给他出学费；担任海军司令的叔叔给他提供房子；另一个叔叔则要替他找好的老师，辅导他进入大学必考的科目希腊文和拉丁文。

斯特里克是梵高的姨父，他是阿姆斯特丹赫赫有名的教士，大家都认为他是极有学识的聪明人。他给梵高介绍了一位优秀的老师。斯特里克家所在的凯泽斯格拉特街，是阿姆斯特丹的富人区。这是一条马蹄形大街，在运河沿岸，运河从海港南边开始，绕过市中心，又朝北返向港边，河水清澈透明。

梵高在斯特里克姨父家里见到了姨妈威廉明娜和表姐凯。凯比梵高年长两岁，她既温柔又迷人。梵高见到她后，立即就喜欢上了她。凯的丈夫很强壮，她还有一个可爱的儿子，一家三口总是其乐融融。梵高感到心酸，他多么渴望爱情和家庭啊。

努力把一切与学习无关的念头摒弃，梵高全心投入学习中去。他每天日出前就起身读《圣经》。当太阳升起来后，他走到窗口俯瞰一群工人上班的情景和远处迅速前进的帆船。随后，吃上几片面包后，梵高开始连续七小时学习拉丁文和希腊文。学到后来，他的脑袋感到昏昏沉沉，思维混乱不堪。他尽力把那些艰涩的语法装进脑子里。

教习拉丁文和希腊文的老师的形象，让梵高想起了吕佩雷斯一幅画中的基督模样。有时，梵高忍不住给老师讲起石版画艺术，还给他带去了一张马里斯的《洗礼》，并热情地描述马里斯的艺术。老师不赞成梵高的做法，让梵高专心学习，因为他收了很高的教师费用。

担任海军司令的叔叔询问梵高一天学习的时间。梵高回答说，二十个小时左右。叔叔显然不同意他过于辛苦，叮嘱他照顾自己。在阿姆斯特丹整整一年了，梵高意识到对这样正式的学习还是不习惯，他渐渐失去信心。问题不是在于学习的困难，而是他内心的斗争，他认为他自己不适合去做那种在大学培养出来的学者式的牧师。老师也觉察到了这一点。他们之间探讨过许多次，老师也认为梵高可以继续作出选择。

梵高明白，这一年他的亲人们都为他花费了大量的金钱和时间。一旦他选择放弃，会使他们的心血付诸东流。不过，他曾经诚心诚意地努力过，仍然无法适应。如果明天他就出去当一名福音传道者，为上帝的民众服务，那算是失败吗？如果他医治患病的人，安慰无望的人，解救有罪的人，劝服不信上帝的人，那还算是失败吗？他自己认为这是成功，亲人们却不会这么认为。他们会说他永远不可能取得成功，一钱不值，忘恩负义。梵高决定悄悄收拾行李，一声不响地离开叔叔家。

梵高听闻由布林克、约思和皮特森三名牧师组成的比利时福音传道委员会，在布鲁塞尔开设了一所新学校，学费全免，学生只需付数目很小的食宿费。他在走访这个学校后，被接纳入学。

学校里只有三个学生，博克玛先生负责他们的学习。他是一位矮小结实的人，一张凹形脸，从眉毛处向下放一根垂直线到下巴，决不会碰到鼻子和嘴唇。梵高很难忍受和博克玛先生在一起，因为他总是希望把学生训练成出色的演说家。每天晚上他们都要准备好一篇次日在课堂上宣讲的演说词。梵高写得很慢，因为他想说一些深有体会的问题，但是每次宣讲的时候，他都讲得磕磕巴巴。博克玛对梵高很不满意，特别是当梵高拒绝进行即席演讲时，他们之间的冲突就公开化了。

梵高的讲道内容比指定的多写了四倍，因为晚上无法入眠，他的精神越来越差，变得消瘦和容易激动。11月里，他被召到教堂与委员会牧师见面，并接受任命。他走进去的时候，皮特森牧师没有朝他看一眼，博克玛看向他的眼中闪着特殊意味的光彩。

梵高的两个同学顺利地毕业了，被派到胡格斯特拉顿和埃蒂霍夫去。委员会却不认可梵高有能力将上帝的福音传达给人们，没有派工作给他。原因是梵高既没做到绝对服从，也没有学会即兴演讲。梵高低头望着自己的粗制的方头皮靴，看到鞋面的皮破裂了。后来，因为根本想不出有什么话要说，他便转身默默无言地走了出去。

他心不在焉地走着，感情稍稍平复，驱走了麻木状态。在田里的一段树干上坐下后，他头脑里涌起了对上帝的想念，感到安慰。"耶稣在暴风雨中是冷静的。"他自言自语道，"我并不孤单，因为上帝没有抛弃我。终有一天我能找到侍奉主的机会。"

给矿工带去福音

皮特森牧师给西奥多卢牧师写了一封信，说明将派梵高到博里纳日去讲道，但是要自己负担生活费用。博里纳日在比利时的南部，是个煤矿区，生活非常艰苦、贫困。皮特森认为博里纳日地区的贫苦百姓需要像梵高这样有热情的人去向他们布道，同时皮特森牧师将努力给他谋一个职位。西奥多卢牧师同意了。

梵高坐火车来到博里纳日，铁路两边全是矸石堆成的黑山。市镇坐落在一个荒凉的山谷凹中，淡淡的阳光斜照大地，但天与地之间隔着一层浓厚的煤烟。村子里十分冷清，到处看不到人影。偶尔能见到一脸呆板、麻木的神情的妇人倚在门边。

梵高住在小沃斯姆斯，这是个矿工村。村里唯一好些的房子，就是矗立在山顶上的面包师傅德尼的家。梵高就是寄宿在他家。德尼曾写信给皮特森牧师，愿意为派到他们镇上来的下一个福音传道者提供食宿。

德尼太太热诚地欢迎梵高的到来。梵高的房间有一扇小窗临着马路，房间收拾得非常干净，他很喜欢住在这里。梵高把行李放下后，走出房间四处看看。德尼家的东边是陡峭的峡谷，大多数矿工的草棚就搭在那儿。另一边是一片开阔的田野，耸立着一座黑色的垃圾山和马卡斯煤矿的许多烟囱，小沃斯姆斯的大多数矿工就在这儿下矿井。越过田野有一条小路，刺丛蔓生，歪歪扭扭的树根横七竖八地满布一地。

马卡斯是比利时煤矿公司所属的七个矿山中的一个，是博里纳日最老、最危险的矿井。马卡斯有着可怕的名声，因为有许多矿工在瓦斯中毒、瓦斯爆炸、矿井坍塌中丧生。地面上有两所低矮的砖房，屋内装置着把煤吊出矿井的机器，煤的分级和装车就在这儿进行。一个由黄色砖砌成的高烟囱，整日向周围放出浓得可以用手捏住的黑烟。马卡斯四周是穷苦矿工们的棚屋、几棵被烟熏得乌黑的枯树、粪堆、灰堆和煤堆，是一个阴暗的地方。

梵高见许多矿工们走出大门，他们不分男女，穿着同样粗劣、破烂的外衣，头上戴着皮帽，染满煤灰的脸与眼白形成鲜明的对比。矿工们天没亮就要下井干活，他们身材矮小，肩狭背驼，骨瘦如柴。

晚上，德尼太太把朋友雅克·弗内介绍给梵高。雅克·弗内是马卡斯的一个工头，能告诉梵高许多工作时所需要知道的情况。雅克矮矮的个子，驼背，一双博里纳日人的神色抑郁的窝眼。他是一个诚实、善良的人，对其他的矿工十分友善。不幸的是，他得了肺病，可能连这个冬天都熬不过去了。

雅克想把矿工亨利·德克拉克介绍给梵高。他们一起走进寒冷的夜晚。矿工们的棚屋都是些简陋的单间木房，这些房子的排列毫无次序，不过是角度不同地沿着山坡往下延伸，像一座歪歪曲曲的迷宫。只有那些走习惯了的人，才会从中找到要走的路。梵高踉跄地跟在雅克后面，被岩石、树干和垃圾堆绊倒几次。大约走了棚屋区一半的路，便到达了德克拉克的小屋。

德克拉克的小屋和峡谷所有的草棚一模一样。泥地、草顶、板墙缝里塞着破布条挡风。屋后两角摆着两张床，一张床上已睡着三个孩子。屋里只有一只椭圆形炉子、一张木桌、几条长凳、一张椅子，墙上钉着一只盒子，里面放着杯壶。屋里还养着一头山羊和几只兔子，这样就可以稍稍补给营养。

德克拉克太太把门的上半部分打开让两人进屋。她看上去比实际年龄老得多，憔悴不堪。在结婚前，她和德克拉克在同一个矿层里干了许多年的活。

德克拉克自负是博里纳日中唯一的矿山所摧毁不了的汉子。他曾经遇到很多危难都没有丧命。德克拉克性格直率，爱打抱不平，所以经常被派到最坏的矿层中。矿工们的日子连奴隶都不如，早上3点就下井，井下又黑又热，他们不得不光着身子干活，并且只能跪着干，因为直不起腰。空气里充满煤尘和毒瓦斯，没法呼吸。不分男女，从八九岁起就开始下井，不到成年就发烧，害上肺病，一般只能活到四十几岁，然后便死于肺结核病。他们得到的报酬是一间小棚屋和仅够糊口的一点食物，几乎天天都在死亡线上挣扎，病了就被撵出来，没有一分钱，死了就被像条狗似的被埋掉，留下老婆、孩子靠邻居、街坊接济。

梵高发现矿工们没有知识，大多数人目不识丁，但他们干起那苦活来，却聪明干练。几天后，梵高在德尼的烤房后的一间简陋的席棚中，举行了他的第一次宗教集会。他把这地方收拾干净，并搬来几条长凳。

矿工们坐在长凳上，望着煤油灯下高高举起《圣经》的梵高，专心地听着梵高以《使徒行传》第十六章第九节："夜晚，一个马其顿人站着,恳求保罗说:'到马其顿来帮助我们吧。'"
为开场白。

"我们应该想到这个马其顿人也是一个干活的,我的朋友们。他具有不朽的灵魂,他需要取之不尽的食粮——上帝的福音。"梵高以真挚同情的语调说着。

村里有许多患病的人,梵高天天轮流去看他们,并带一点牛奶或面包、暖和的袜子或一条被单给他们。矿工们都很喜爱和尊敬梵高。村里没有一间草棚,他没有送去过食物和安慰;没有一间草棚中的病人,他没有护理过。他为每个不幸的人祈祷,把上帝的光辉带给每个可怜的人。

生活中唯一的不足,并使梵高烦恼的因素,是他还得靠父亲养活。每天晚上,他为能够赚几个法郎糊口的日子早早到来而祈祷。天气变坏了,乌云笼罩整个地区。大雨倾盆,凹陷不平的路上、峡谷中、草棚的泥地上,尽是泥浆的小河。这时,梵高收到一封信,他慌乱地拆开信封。

亲爱的梵高:

　　委员会已经知悉你的出色的工作,因此决定给你六个月的试用期。从今年1月开始,如果到6月底一切顺利,将把你的委任转为永久性的。你的薪水将是每月50法郎。

　　请常来信,要有信心。

皮特森 谨上

梵高紧紧捏着来信，欣喜若狂。他终于成功了，再也不用依靠任何人来养活自己了。他在桌旁坐下，给父亲写了一封内容纷乱的信，兴奋地说明不再需要父亲的帮助，并表示从此刻起，将努力使家庭为他感到骄傲。

现在，梵高是受委任的福音传教士，他又找了一个大房子，作为讲道的永久场所。有时下午他就召集一些还不够年龄下矿井的小孩，教他们念书，给他们讲一些最简单的圣经故事。房子里面很冷，他就随一些矿工的妻子和小孩到矸石山上去捡煤，回来生火，然后布道。他脸上和手上的皱纹里经常沾满了黑煤灰，感觉和矿工们没有两样，矿工们对他也就有了一种亲切感。

梵高找了个机会和雅克一起下到马卡斯矿井的最下面一层——700米深处。他见到了矿工德克拉克，并见到了最艰苦、最原始、最危险的一幕。里面的空气像火一样烫，令人窒息，闷热和粉尘让他觉得自己到了地狱。

采煤工穿着又脏又黑的粗麻布衣裳干活，他们双膝跪在地上，后背抵着岩顶，朝能采到煤的那个角落挥动手中的镐，一点一点地刨出煤来。他们就像受伤的动物一样，气喘吁吁地伸出又厚又干的舌头。

雅克检查了关系矿工生死的木支柱，发现有些已经松动，会引起塌方，并且瓦斯气味也越来越浓，很容易引起瓦斯爆炸。他大声嚷嚷让工人们停工，以便加固支柱和抽瓦斯，但是工人们不干。他们气愤地说如果停工就没有工钱，让石头砸死和让瓦斯烧死与饿死没有两样。雅克无话可说了。梵高终于受不了上了地面，他满脸漆黑，头脑昏昏沉沉，怀疑自己是不是做了一场噩梦。那些矿工每天都要在这地狱般的矿井里干十几个小时的苦力。

回到德尼家，梵高来到又暖和又舒适的烘烤面包的厨房。他吃着美味的午餐，又洗了个热水澡，上楼来到自己的房间，看到自己宽大、舒适、整洁的床忽然想到德克拉克家挨冻受饿的孩子以及那破棚子里凄惨的摆设，他开始省悟到自己其实是个骗子和懦夫。

他想到，自己向矿工们宣扬贫困的好处，自己却过着不愁吃穿的安逸生活。他不是个伪善者吗？他的宗教有什么用？他决定不再住在这里了，他要和矿工们住一样的棚子、吃一样的食物、睡一样的床。他想成为他们中间的一个，这样他认为他自己才有资格给他们宣讲《圣经》。他很快就租了一间破棚子，不顾德尼太太的阻拦，固执地搬了家。

这是一间没有窗的木板房，盖在相当陡的坡上。屋内的泥地由于长期践踏而凹陷下去，滚雪从木板顶上滴漏下来。因为小屋整个冬季没人居住，所以冰冷的空气从梁木上的节孔里、木板的隔缝间透进屋内。这算是小沃斯姆斯最坏的木棚了。梵高用得来的薪水买了一张小木床和一只旧火炉。他把烂泥糊在顶墙上，不让水流进来，用破布条塞住木节孔和板缝，就这样住了下来。

这里的 2 月是一年中最难熬的一个月。狂风毫无阻碍地直吹进山谷和山顶，街上几乎无法行走，还使得妇女们无法外出到黑山上去拾取取暖用的煤渣。她们不得不用仅有的粗布裙衫、纱袜和头巾来抵御入骨的寒风。孩子们只得天天缩在床上，以免被冻僵。因为没有煤生炉子，所以吃的东西都是冰冷、僵硬的。矿工们每天都要经历从酷热的地底到刺骨的严寒，因此肺病和肺炎引起的死亡天天发生。

梵高已经记不清主持了多少葬礼。他也放弃了教那些年龄较小的孩子识字的打算。他每天到马卡斯山上去尽量多捡点儿煤，分送到那些境况最凄惨的小屋里去。他把自己的衣服送给那些最需要它们的老人、小孩和孕妇。随着情况越来越糟糕，他开始做些实际工作，为矿工治病、清洗、煮热饮料和熬药。最后，他竟把《圣经》留在家里了，因为他总抽不出时间去翻它。

一个月后，寒冷的天气慢慢有些暖意了，结果到处开始流行热病。梵高用大半的薪水为病者购买食物和药品，自己却连食物都没钱买。他由于缺少食物而益发消瘦了，激动和神经质的情绪越来越明显。寒冷和饥饿折磨着他，他仍拖着发烧的身体四处去看望病人。他眼睛深陷，像两个喷烈焰的洞穴，两颊也凹陷下去，只有那个梵高家族特具的大下巴顽强地前伸着。

随着冰雪的消融，黑色的田野重新露面，天气渐渐暖和起来，热病渐渐消失。

　　但是不幸的事情没有停止，上帝的考验再次到来了。矿井中发生了巨大的事故。因为瓦斯爆炸，矿工们都被封堵在矿井中。到处是女人们歇斯底里的号啕声,雅克也死在下面。抢救人员无能为力，公司则要求矿工们继续采煤，停止抢救。矿工们忍无可忍，罢工了。罢工就意味着没有工钱，饥饿笼罩着全村。梵高用所有的薪水买食物，分发给矿工们。他自己除了咖啡没有任何食物，虚弱得站不起身。脸上肮脏的红胡子结成团，粗糙的麻袋布裹在身上，代替了原来的衣服，床也早送了人，就用干草铺了一块地方代替。

　　虚弱到极点的梵高在墙角的干草上躺着，为葬身矿下的死者举行安魂仪式。这个安魂仪式被其他的牧师知道了，他们大为震惊，以为梵高疯了。他们认为这简直是胡作非为。举行野蛮的祭礼与一位基督教牧师身份极不相称，是存心让教会丢脸。他们当即解除了对梵高的委任，薪水也停发了。

　　梵高痛苦地意识到他对矿工们是毫无用处了。他无法再帮助他们了，连上帝也无法帮助他们了。

终生的事业 —— 绘画

要做伟大的画家

西奥多卢牧师得到梵高被罢免牧师职位的消息后，写信给梵高并寄来钱，要求他立即回家。梵高没有听从，他又到了山穷水尽的地步，没有工作、没有金钱、没有健康的身体。提奥从巴黎寄来了信，信上恳求梵高不要在博里纳日浪费时间，而要利用信中寄去的钱另谋生路。梵高觉得自己留在博里纳日是没有办法的事，因为他无处可去。

好几个月过去了，梵高仍然不敢正视自己的生活。他曾有一段时间埋头书籍，想在书中寻觅到可以重新指引他生活下去的目标。家中来信说像他这样生活是对一切高尚的社会传统的冒犯，问他打算什么时候再找个工作来养活自己。他知道已经到了一生的最低点。日子就这样不知不觉地过去了，他总是在父亲和提奥的供应下维持半饱的生活。从家里的来信中，他得知表姐凯的丈夫去世了，但是这个消息对于处于绝境边缘的他来说，并没有什么感受。

在这期间，提奥忍不住前来看望梵高，想劝服他和自己一起回去。提奥已经是巴黎有名的美术商了。他们沿着古老的运河及荒废的煤矿坑附近漫步。提奥恳切地说："以前，我们对于许多问题的看法是那么一致。现在，你完全变了，已经不是以前的大哥了！大哥，你非改换生活方式不可。"

梵高愤怒地耸耸肩膀说："我是一个牧师，我有责任留在这里。"

"你现在不是不再讲道了吗？"梵高对提奥的提问默不作声，望着灰色的天空叹了口气。提奥走了以后，梵高又立刻写了一封信给他。

亲爱的提奥：

感谢你在百忙中抽空来看我，时间虽然仓促，但能相聚几天，依然令人兴奋不已。人生的际遇千变万化，我们应该好好珍惜相聚的时光！

我何尝不盼望拥有亲情、爱情和亲密的友人？所以，你特地跑来看我，真使我高兴。

现在，我暂时不想回家，甚至说，想一直留在此地。至于真正目的何在，我也说不上来，这是我的缺点。

今后，我所要走的路，无疑是困难重重。回想你不远千里来看我，真是非常感激。当然，我也想起彼此的争辩，当时，我的确愤怒过一阵子，因为我不赞成你的意见。回顾以往的所作所为，虽然横遭无情的打击，但我却问心无愧。

我想把自己的人生安排得更美好，你不以为我正在热烈追求这个目标吗？追求比现在更好的生活，本是人之常情。但若是为了追求这种目标而改变自己，岂非贬低了自己吗？

倘若照你所说，要我去做名片图案设计、会计员、木匠学徒、面包店员，或是遵照别人的指示去行事，我就可以变好的话，那你就大错特错了。

这时候，你也许又会说，你凡事要切实实行，反正不要整天稀里糊涂过日子就行了。

其实，我不是普通的懒惰者。倘若你认为我是这种人，那就太遗憾了。

小鸟的羽毛脱换时，会有一些苦痛。同样地，一个人倒霉的时候，情形也是一样。看起来，似乎脚步不稳，殊不知从此会脱颖而出也说不定。

梵高终于找到了另一个灵魂的寄托，就是作画。他是多么熟悉伦勃朗、米莱、朱尔·迪普雷和德拉克罗瓦！他想起在伦敦和阿姆斯特丹的美术馆里曾经看到过的每一幅美丽的油画，渐渐地，他又恢复了活力。他开始省吃俭用去买一些铅笔和白纸，找一块薄木板，就出发去马卡斯。他画得仓促而潦草，解剖知识一点都没有，比例也不准。他意识到自己还未入门，决心从临摹开始，而且要临摹大师的作品，所以他又主动写信给提奥，让他寄一些素描来。提奥给他寄来了他需要的作品，还有一些大张的素描纸，供他临摹用。

梵高再次踏进矿工们的棚舍，不过这一次他带的是画纸和炭笔，他画在地上玩耍的孩子、靠在炉子旁边的妻子以及干完一天活儿以后在吃晚饭的一家。他在画上极度显示了性格中的复杂矛盾，有时，他为某一幅自己比较满意的画感到欣喜，但没一会儿，他又发现那幅画没有一点可取之处，因此毫不迟疑地把画撕掉。

梵高已经把墙上的全部画片临摹了许多次。他知道如果要取得进步，就必须有更多的大师们的画作来临摹。他写信给提奥，请求他的帮助。

亲爱的提奥：

如果我没有记错的话，你大概有米勒的《农田里的劳动》。你能否邮寄给我，借我用一段时间？

我要告诉你，我已经临摹了大量的博斯布姆和阿勒贝的图画。你应该会认为这些画还是不错的。

你能寄什么就寄什么给我吧，别为我担心。只要我能够继续画下去，一定能再次找到自己的位置。

我现在正忙着作画。祝你晚安，请尽快把画片寄到。

梵高又产生了新的想法，为了提高作画技巧，他需要与别的艺术家谈谈自己的画，从旁观者的角度指出优缺点。这时，他想到了一个人，皮特森牧师。因为他曾经在皮特森牧师的工作室里看到过画得很不错的油画。

皮特森牧师给了梵高许多有用的建议。首先是学习绘画的基本功。皮特森牧师以梵高所画的一个矿工的妻子为例，他拿起一把尺，量量画中人的头和身体，然后动手重画头部，一边画一边解释。画完后的女人不再仅仅是一个矿工的妻子，而是世界上任何一个被劳累压弯了腰的女人。

梵高回到德尼家，提奥寄来的《播种者》已经到了，同时附寄了几张大尺寸的速写纸，因而他兴味十足地研究起米勒，几天就临摹了10页，完成了第一卷。之后，他又写信给海牙古皮尔画行的经理借《木炭画练习》。他从早到晚地临摹这共有60幅画的范本。一起寄来的巴格的《园林设计》也被梵高坚持不懈地临摹下来了。

梵高到马卡斯，作了一张矿工的大幅画：男男女女沿着有荆棘篱笆的小路踏雪走向升降机口，天色将明，匆匆而过的人影依稀可辨。这张速写完成后，他复制了一张，附在信内寄给提奥。梵高身上的钱用尽了，家里没有再寄来。他的体重减轻了许多，双颊上又出现凹陷。他终于决定回到埃顿去。

梵高草草打点行装，乘火车回到了故乡埃顿。西奥多卢牧师见到衣衫褴褛、消瘦憔悴、狼狈不堪的儿子，并没有说一句责难的话。家人尽量回避谈及他穷困潦倒的境况，都努力使他在身体上和精神上得到恢复。

梵高告诉父亲，他将努力成为伟大的画家，这是他最后的选择，再也不会改变主意了。

改进作画的技巧

西奥多卢牧师为梵高的决心感到很宽慰。埃顿是个相对闭塞的小镇，居民们对梵高整天拿着铅笔和画纸在旷野里消磨时光感到不可思议。特别是他古怪的服装、举止、以往的经历，在他们眼中简直与疯子没有两样。

提奥给梵高寄来了纸、解剖图片、画笔、颜料和他尽力省下来的法郎，还专门写信鼓励梵高努力工作，不要做那种平庸的艺术家。梵高回信说："只要天气不是太糟糕，我就每天到野外去。现在画了不少野外的房子，还有对面的牧场、水车、教堂院子的大树、宽阔的地面、匆忙工作的木工，此外也画马车、马房和手推车等。……我还买了一本《水彩画指引》，不停地加以研究，获益不少。"提奥一直是梵高忠诚的支持者，一直到梵高去世，都是他在维持梵高的生活。

梵高怀着敬爱之心，给年近六旬的父亲画了一幅肖像，头戴黑色帽子，沉静的眼神，身穿白领黑袍的牧师服装。

梵高觉得是时候该出去开眼界、长见识了。他写信征求提奥的意见，提奥寄来了火车票和钱。梵高联系上在海牙的亲戚特斯提格和莫夫。赫尔曼·特斯提格先生是海牙美术学校的创始人，也是荷兰最著名的画商，现在担任了古皮尔画行的经理。

梵高把他的作品给特斯提格看，先是博里纳日那些下班归来的衣衫褴褛的矿工、俯身在矸石堆上捡煤的矿工妻子，然后是布拉班特耕耘播种的劳动者的素描。他极想知道，自己的画作达到了什么样的水平。特斯提格可怕的沉默无形中回答了他。

梵高决定去找他的表哥安东·莫夫。莫夫是海牙有名的大画家，在海牙有一幢不错的房子。莫夫在梵高的一再要求下勉强同意当他的老师。为了提高作画技巧，梵高不分昼夜地练习。

梵高写信给提奥说："我深深觉得人物的画法，对于画风景的影响极大。纵使画一棵柳树，只要设法赋予某种生命力，则能画得栩栩如生。倘若不用画人物的心情来画树木，画出来的树木将有如没有骨骼的人物一样。从今以后，我不再像以前那样站在大自然面前，茫然凝视了。起初，大自然总会分散艺术家的注意力，若想努力克服这一点，一定要朝着正确方向前进。大自然是很难捉摸的，然而，我非使劲儿捉住不可。现在，我已经逐渐进入状态了。"随后，他兴高采烈地踏上归途，返回埃顿。

梵高回到家中，见到了表姐凯·沃斯。失去丈夫的凯到姨妈家平复伤痛。梵高看向凯，她不再是当初明媚、温柔的表姐，而是在失去深爱的丈夫的巨大悲痛下心碎的少妇。她的魅力、热情和生气全消失了，甚至她那温暖的富有生气的秀发也似乎失去了光泽。她的眼中装满忧伤，但是沉重的痛苦又给她留下某种深度和特质的美。

梵高每天出去写生总会带上凯和她的儿子。凯的存在使他感到幸福和愉快，但他尽量压制自己的情感。现在他才明白，许多年来他的生活并不完全，他心中蕴藏着的柔情已经干涸。只有凯在身旁时，他才感到幸福。

一天，梵高和凯又一起出去画画。梵高俯身下去给她看几张自己新作的画，这时，梵高忍不住要表达自己热烈的情感。他激动地对凯说："从我第一次在阿姆斯特丹看到你，就一直爱着你！凯，你能告诉我你是怎么想的吗？我们可以到海牙去住，一起生活。我们将有一个家，我们会幸福的。"

凯被梵高的话语吓坏了，她大声喊着："不，我永远不会爱你。我会一个人过一生。"她边喊边跑。当梵高有气无力地迈着沉重的步子走回家时，他立刻感到房间里的紧张气氛。

西奥多卢牧师和安娜单独在客厅里谈话，他一进去，他们便突然闭口不言了。安娜责怪梵高怎么如此鲁莽，西奥多卢牧师压根不愿看到他。

第二天，凯就匆忙带着儿子回阿姆斯特丹去了，没有和梵高道别。梵高痛苦极了，他不断给凯写信，但是寄出的信全被退了回来。梵高不愿意再等待下去，他拿出提奥寄来的生活费，买了一张到阿姆斯特丹的火车票。他还没有完全死心，他要去改变凯的决定。

西奥多卢牧师坚决不同意梵高的做法，两人为此大吵起来，但是改变不了梵高的决心。他来到斯特里克姨父家门前，不顾女佣的反对横冲直撞进去。除了凯，家中的其他人都坐在餐桌旁准备吃晚饭。梵高恳求姨父斯特里克让他见凯一面，却得到一阵嘲讽和辱骂。

　　太过激动的梵高像是引起了癫痫病的发作。他疯狂地举起手，放到蜡烛上。火焰把他的皮肉烧得焦黑，散发出一阵令人作呕的气味。斯特里克全家都吓呆了，没有人理会他的哀求，把他赶出了家门。梵高知道，他永远地失去凯了。

　　与父亲已经闹翻了，梵高索性不回家去。他在海牙的厄伊莱博曼附近租了一大间画室，每月租金 14 法郎，房子前面就是繁忙的莱恩车站。他找到莫夫，莫夫开始对他讲授一些基本技术，让他着手画水彩和油画，有时还有人体写生。

　　在这里他认识了许多画友，德·鲍克就是其中一个。德·鲍克有固定的收入，在英国受过教育，穿着十分讲究，为人随和。他邀请梵高到他的画室参观，他的画室在海牙的豪华地区威莱姆斯帕克，布置得富丽堂皇。德·鲍克还得意地把自己的作品给梵高看。梵高直言不讳地说他的作品缺少激情，他们因此而争执过一段时间。

　　梵高每天都请模特儿，对他来说是一笔大的开支，有时他口袋里只剩下一个法郎。他从不开口对莫夫谈他经济上的问题，他不想给莫夫添麻烦。莫夫用很长时间教他如何涂水彩，如何把错误的颜色洗掉，他总是搞得一塌糊涂。莫夫鼓励他不要心急，一定会有收获的。

提奥还没有把钱寄来，梵高已经无法支持生活了。三天来他没吃一口东西，但继续在莫夫那里画水彩，他唯恐莫夫觉察到他的处境从而对他失去信心。

胃部的隐隐作痛令他回忆起在博里纳日的日子。梵高发烧了，连铅笔都握不住，他躺倒在床上。次日，梵高拖着病弱的身子找特斯提格借钱，终于暂时缓解了身无分文的局面。梵高立刻买来食物，食物虽然解除了胃中的痛苦，却消除不了他身上那触摸不到的孤独的痛苦。

梵高买了些廉价的烟草吸起烟斗，跑到莱恩东站前他见过的一个小酒店里喝酒。在这里，梵高认识了洗衣女工克里斯汀。克里斯汀已经 32 岁了，比梵高大两岁，身材瘦削匀称，眼睛有神。她有五个孩子，并且肚子里还有一个，孩子们都没有父亲。她一直住在母亲家里，她也不知道自己的父亲是谁。

克里斯汀现在正在为进医院和生孩子没有钱而发愁。他们像老朋友那样随便地聊天，互相讲述着自己的身世，使梵高感觉不再那么孤独和痛苦了。梵高到克里斯汀家去了。

提奥终于把生活费寄来了，梵高请了个在花园挖地的老妇人做模特，他用水彩写生。有一段时间他的画生硬、干涩，现在变得润泽、流畅了，他感谢克里斯汀给予他的一切。

特斯提格来看望梵高，见梵高不仅有了一间像样的画室，而且工作很努力，他感到由衷的喜悦。他愿意看到年轻的艺术家们取得成功，这样对他来说也是有益的。但是特斯提格

背着画具的梵高

是个崇尚传统的人，有他的一套上流社会的准则，如果画作违背了这些准则，他一定会拒之门外的。特斯提格告别前一再叮嘱和鼓励梵高。

德·鲍克有时也带一个非常漂亮的职业女模特过来，但梵高想要画些老年男人和女人的人体，画些有特色的人物。他一早就出去找当天要画的模特儿，有时是铁匠的儿子，有时是疗养院的老妪，有时是犹太区的祖母和孙子。每天晚上梵高都要到莫夫那儿去作画。有时他垂头丧气，因为他画的水彩太厚、不干净而且呆板。莫夫就不断开导他，让他不要丧失信心。

在一个偶然的机会里，莫夫介绍梵高认识了韦森布鲁赫。他是一名画家，但时常对他认为不好的画作加以毫不留情的批评，梵高显然无法与他好好相处。

唯一的"妻子"

克里斯汀来找过梵高几次，他们在一起相处得很自在、愉快。梵高决定找她当自己的模特。克里斯汀很爽快地答应了。

梵高曾经写信告诉在阿姆斯特丹开画店的科尼利厄斯·马里纳斯·梵高，他在海牙定居下来了，并且邀请他叔叔来看看。马里纳斯叔叔是个很成功的画商，他常来海牙给他的画店买画和其他物品。他得知梵高下定决心成为画家，就提出出售一些梵高的作品。

他挑选了梵高的一些画作，一共 12 幅，是梵高在布雷特纳一带画的。临走前，他又向梵高预订了几幅阿姆斯特丹的风景画。梵高有了一种成功的喜悦。他迫不及待地把这个消息写信告诉提奥。

特斯提格和莫夫逐渐对梵高失去了信心。只有克里斯汀来的时候，梵高才快乐起来。克里斯汀很乐意做他的模特儿，并且帮他做饭和缝补衣裳。克里斯汀表现出从未有过的温柔，原先满口的脏话也消失了。

梵高让克里斯汀坐在火炉旁的一小段圆木上，他把那段圆木画成一棵树墩，又装点了些草木，看起来像室外一样。画面上克里斯汀那骨节粗大的手放在膝盖上，脸埋在瘦得皮包骨的臂弯中，不长的稀疏的头发披在背后，松弛干瘪的乳房下垂到精瘦的腿上，踩在地上的扁平的双脚显得很单薄。他给这幅画题名为"哀伤"。这是一幅生命力已被榨干的妇女的生动写照。在画的下面他题上了米什莱的一句话：世界上为什么还存在着孤立无援、被人遗弃的女人？

画完这幅画，梵高的生活费又用完了。他不得不停止画模特儿，平日只靠喝水充饥。他双膝发软，躺在床上，等提奥的钱寄来。后来熬不住了，他决定去借钱。他穿着打着补丁的肮脏的裤子，穿着磨掉后跟的皮靴，戴着奇怪的帽子。

他找到特斯提格，请求了许久，才借到 10 法郎。

恰恰这个时候克里斯汀临产了。因为胎儿位置不正，要住院，这需要一大笔钱。克里斯汀是一个法郎也没有的，梵高决定帮助她。他将叔叔购买的那 12 幅画的报酬连同仅剩下的一点生活费全部付给了医生。结果，他再次连饭都吃不上了，山穷水尽的梵高不得不再次向认识的人借钱，但是他们纷纷指责他竟然和坏女人克里斯汀在一起，没有一个人愿意给他一分钱。

不久，叔叔也来信责备梵高。信的内容很简单：由于梵高的不名誉行为，原订画合同已经解除，并且今后对他的画作不再有兴趣。梵高这时毅然决定与克里斯汀结婚，他给提奥写了一封充满感情的信，说明了一切，恳求提奥谅解他，不要抛弃他。提奥来信提出很多反对的理由，却没有谴责他们。在信的结尾，提奥说，尽管他不赞成这件事，但请哥哥放心，他还会像以前一样帮助哥哥。

克里斯汀生下来一个男孩。虽然孩子不是自己的，但对于即将可以拥有一个家庭，梵高仍感到欣喜。他们打算在克里斯汀身体恢复后正式结婚。梵高租下了隔壁的一所空房子，有工作室、起居室、厨房、套间和顶楼的卧室。和克里斯汀在一起生活给了梵高继续作画的勇气和力量，他怀着一种从未有过的恬静心情重新回到工作中去了。他确信自己能够成为一名优秀的画家。

梵高的做法使所有人都惊呆了，这将会是一个什么样的家庭？梵高并不在乎别人怎样去看待他即将组成的这个新家，他仍然不断地作画，有时也出去写生。

偶然的机会，梵高发现了一个小小的渔村斯赫维宁根，它坐落在北部海岸边两座屏障般的沙丘之间。海滩上摆着一排排方形的单桅渔船，饱经风雨侵蚀的船帆颜色暗淡；船尾后面是制工粗糙的方形船舱；渔网铺开准备出海；帆索高处飘扬着铁锈色或海蓝色的小三角旗。往村里运鱼的车子车身是蓝色的，但车轮是红色的。渔民的妻子们头上戴着白色的油布帽子，帽子的前面用两个金色的圆形针别着。人们聚在潮水边翘首盼望亲人们归航。

"库尔扎尔号"是一艘专门供那些希望欣赏一下海上风光，而又不愿在海上久留的外来宾客乘坐的宽敞游艇。大海翻卷着白色的浪花，有节奏地拍击着海岸，海水的颜色不断加深渐渐转成暗蓝。天空呈现一片灰色，空中的云彩变换着形状，偶尔露出的一角蓝天向渔民们暗示太阳依然照耀在荷兰的上空。在斯赫维宁根这个地方，男人出海打鱼，女人在家料理家务，这里的人世世代代都在这块土地和大海的哺育下繁衍生息。

梵高用水彩画了大量的街景，他发觉这种绘画手段颇适合表现那些迅速产生的印象，但它没有深度和厚度，也不具有表现他需要描绘的事物的那种特性。他向往画油画，可又不敢动手，因为他还没有完全掌握画油画的技法。

提奥到海牙来了，这个消息使梵高兴奋不已。现在提奥已经是一名精明能干的画商，他被公认为是这一行的佼佼者。提奥此行的最大目的是劝梵高离开克里斯汀。他一直坚信自己的哥哥总有一天会成为一位伟大的画家，虽然他一直不能理解梵高的作品。

年轻的提奥服饰整齐，皮靴锃亮，领带系得端端正正，戴着黑色的圆顶礼帽，意气风发，潇洒自如。苍老、憔悴的梵高则是穿着磨烂的皮靴、带补丁的裤子，领带也未系，头上是一顶可笑的农民帽子，满脸的红胡须乱糟糟的，走起路来脚步蹒跚、摇摇晃晃。两人走在一起时，形象对比鲜明。提奥苦劝了梵高一番，后者只是沉默。

提奥走后，梵高就动手画油画了。他画了三幅油画，一幅是桥后面的一排修剪过的柳树；一幅是一条煤渣路；第三幅是一片菜地，菜地上有一个穿着蓝色罩衫的人在挖土豆。另外他又画了一些小幅画，如描绘集市上人们正在收摊的景象，在施粥所排队等粥的人们，疯人院里的三个老头，斯赫维宁根起锚待发的渔船等等。

梵高的父母弟妹这时已经搬到另一个小镇纽恩南了，一有空余时间，他总是想起父亲和母亲。梵高对作画的热情一直高涨，但是油画颜料贵得吓人。他作画时颜料涂得很厚，画得又快，以致光买画布就开支浩大。提奥把寄钱的时间进行了调整，他每月1号、10号和20号分别寄来50法郎。只要提奥的汇款一到，梵高就会匆匆赶到画商那里购置大管的油画颜料，又很快地画起来，直到颜料和钱都消耗干净为止。

同时梵高吃惊地发现，喂养婴儿竟需要买那么多东西。克里斯汀还得不断地服药、买新衣服、吃些专为她补养身体的食物。这个家简直就是个永远填不满的无底洞。克里斯汀很不理解梵高为什么要为绘画要付出那么多的时间和金钱，还有精力。梵高不得不重新画起素描，这样可以省下买颜料的钱。他要克里斯汀重新做他的模特，但她总是以种种借口推脱。

随着生活的拮据，克里斯汀开始和梵高争吵，并且经常回她母亲家去住。克里斯汀是离不开享乐的人，她的母亲也从旁兴风作浪，总是讽刺地对女儿说，跟这种穷画家不如早日分开好，难道他会有出人头地的一天吗？

克里斯汀常常暗地里喝酒，她因酒精中毒产生的疾病越来越严重，一发作起来，像个疯妇一样。梵高心里萌生了离开她的念头，他将这些事写信告诉提奥。

亲爱的提奥：

今天，我跟她做最后的谈话。我说，为了工作，我必须离开这里。你大概不是一个诚实的女人，但是，你要是尽可能诚实，我也会尽可能诚实。只要你能认真工作，把孩子教育好，纵使你去当女佣，孩子们也始终会尊敬你的。不管你有什么缺点，但在我的眼中，你还是一个很善良的女性。

我之所以不想离开她，是因为我们一直能够原谅彼此的缺点。你能明白我的意思吗？我不知道这是不是爱情，至少我们两人之间曾有美梦存在过。

梵高把剩余的钱财都给了克里斯汀，并决定离开海牙。他又寄了一封信给提奥，他说："我料想自己今后作画的时间，还有六至十年。长命或早逝，对我都不是了不起的事。有一件事倒是确定不移的，即在这短暂的时光里，我必须要完成自己该做的事情。过了三十年放荡与流浪的生活，欠下无法偿还的债务，以及许多无法解决的事情，这些都让你来操心，所以我以感激的心情，将所有的素描和油画留给你作纪念。"这封信仿佛是梵高对自己命运的断定。

克里斯汀含着眼泪把梵高送上离开的火车，他们彼此深深地望着对方。不管怎样，他们曾是彼此第一次以夫妻名义生活的人。他们都明白，从此以后可能不会相见了。

在纽恩南的日子

梵高去了哈谷，那是荷兰北部的一个小镇，到处都是花草茂盛的原野。风车、奇妙的桥梁、黄昏时的云霞、倾斜的茅屋、各种不同的树木、运河里载满货物的小船都使梵高感到美妙无比。

梵高租了一间阁楼，就开始努力地作画。别人看见他的模样总是嘲笑他。他已经习惯了，丝毫不在意他人的眼光。根据自己的近况，他连续给提奥写了两封信。

亲爱的提奥：

小块麦田的边缘呈现清朗的色调，秋天的落叶在微风中飞舞，发出瑟瑟的声响，金色的树叶和黑色的树干形成明显的对比。

充满光辉的天空，没有一点儿阴影，颜色是一种无法形容的紫色，其中掺杂有红、青和黄等各种颜色，不管我走到哪里，都发现它在我的头顶上。

亲爱的提奥：

我的内心近来发生某种变化，我正站在这孤独而寂寞的灌木丛生的荒野上，感到自己的心灵正逐渐提升、坚强起来。似乎在我的心里蕴藏有某种卓越的东西。

严冬来临了，凛冽的寒风吹袭着荒野，像尖刀似的刺入肌肤，令人全身颤抖起来。梵高想到了温暖的家和亲人们，他乘车回到了纽恩南。

纽恩南的牧师住宅是白色的两层小楼，后面有一座非常大的花园，园中有榆树、树篱和花圃以及一个水池。梵高和最小的弟弟科尔住在起居室上面的那间卧室。每天清晨，他一睁眼就能望见太阳升到他父亲那所教堂的精巧的尖顶之上，轻轻地涂上一层淡而柔美的色彩。他希望静下心来单纯地从事画画，没有别的愿望。

梵高想深入到乡村中去,描绘田园生活。就像米勒一样,他希望和农民生活在一起,了解他们,描绘他们。他确信,一些人虽然来到了城市并且定居,但是乡村给他们留下了难以忘怀的印象,他们对乡间的田野和农民怀着终生不渝的眷恋之情。

纽恩南一带有许多织工,他们住在小小的茅草顶的房屋里。屋子里面通常有两个房间,一间是全家住的卧室,仅有一扇能照进一束光线的小窗。一个织工劳累地工作一个星期可以织60码布,织布时还得要其他人在一旁为他缠纱团。他们就靠织的这块布,送到工厂主那里领取可怜的一点报酬。他们寡言少语、安分守己,从不反抗生活。梵高和织工们很快结为朋友,因为他们心地单纯,只要能维持生活就别无他求了。

回家后不久,梵高就感到来自亲人的隔阂,他的妹妹一点都不喜欢他,因为他的行为和外表实在太怪异了。她们担心梵高回来后,会影响人们对她们的看法。梵高怀着难过的心情给提奥写了信。

亲爱的提奥:

我感到十分伤心。离家两年后回到家里来,虽然大家表面上对我非常亲切,彼此心中却存有隔阂。家里人一点也不能理解我。

大家似乎把我看成一只笨拙无用的狗,我的心情坏透了！这只狗走到哪儿，似乎也只能给大家带来无限的麻烦，因为这只狗大声狂吠，又臭又脏。

其实，这又有什么关系呢？它有过无数的坎坷经历，它有一颗善良的心，它并不是一只普通的狗。它目前虽然被人饲养着，但陪它在一起生活的，无非都是些小毛虫。所以，它一定得到哪里去找个狗窝才行。

这只狗是父亲的儿子，由于它长期在原野上生活，所以野性难改。但是，饲养它的主人却忘了这一点。而这只狗的本身也不懂得自爱，并未把野性稍微收敛一些。

也许它会突然心血来潮，向着某人狂叫不止。果真如此的话，何妨叫猎人过来对准它发射一枪，杀死它算了！

殊不知这只狗私底下却也很懊悔，因为在那灌木丛生的原野上，孤独感未见得会比在家里少些。

它在胆怯之余，才跑到村庄里来，希望大家能宽恕它的错误，它打算今后不再这样可怜兮兮的了。

提奥看完信后，非常感动，立刻给父母写了封信劝他们好好了解梵高的内心。西奥多卢牧师与梵高诚恳地谈了一次话，两人互相原谅了对方。西奥多卢写了一封信给提奥说："对于你哥哥，起初，我们真不知道怎么办，幸好现在一切都慢慢好转了。为了让他能安心画画，我在他的房间里装上一架很好的暖炉，床底下本来铺的是石块，我把它装上木板，免得他的身体受到湿气。我问他要不要开一个大窗户，他回答说不要。总之，我们鼓起勇气展开一项新的实验，我们打算为他选择一些他所喜欢的衣服。他一向喜欢按照自己的理想和计划行事，但也不能过分固执，遗憾的是，这正是他的缺点。"

西奥多卢牧师也注意到，梵高是真心地对绘画感兴趣。梵高从不和全家人一起在桌前吃饭，而是跑到一个角落里，边吃饭边审视自己的作品，稍不满意，他就把它们撕成碎片。他从不跟家里人说话，他们也很少搭理他。总的来说，梵高认为他们交谈越少，互相相处得越好。

安娜因为一场事故，不慎跌断右大腿骨，结果被抬回到家里来。医生要求她至少要休息半年，否则会留下后遗症。梵高日夜在母亲的病床边服侍。他之前传道时经常照顾矿工中的伤员，因而懂得怎样照顾母亲。大家因此对梵高的态度改变了许多。

梵高在田野里写生作画的一个月中时时产生一种奇怪的感觉，他总能感受到一束不知隐藏在哪里投过来的目光。他知道附近的居民总是盯着他，也知道地里的农民也常常扶着锄头好奇地瞧他。这束目光却不一样，它是专注、炙热、隐秘的。许多次，梵高乘机四处搜寻它的来源，但是毫无收获。

差不多用了两个星期的时间，梵高才捕捉到目光的来源。他在荒原上进行速写时，离他不远有一辆破旧的被弃的货车，有一个女人隐藏在那儿一直注视着他。梵高突然收拾画布和画架，佯装准备回家，只见那女人忽然快速离开了。他悄悄地跟随着，看到她走进他家左边的房子。

晚上梵高问安娜，才知道原来那幢房子里住的是姓贝格曼的一家人。这家母亲独自带着五个女儿，父亲早已去世，五个女儿居然一个也没有结婚。他决心下次出去写生时向这个女子问个明白，为什么要跟踪他。

第二天，他照旧来到田野里的作画的地方。他要捕捉在成熟了的麦地里或枯草地里的农人形象。他们穿着自己织的粗布衫——黑蓝的条纹花样，当衬衫穿旧，由于风吹日晒而褪色的时候，便呈现出一种模模糊糊的朴素的色调，并显露出衣衫下的疲惫的身体。

没画多久，梵高就感到那束目光又出现了。梵高迟疑了一下，因为他既想捉住那个女人，又想把画作完。他作画时习惯一气呵成，在情感爆发时把面前的景色画下来。传统的荷兰绘画最打动他的地方，就在于这些作品画得快，大师们一笔画成，决不修改。他们迅疾地描绘，以便把原始印象原封不动地保持下来，把构思主题的情绪原封不动地保持下来。

创造的热情使梵高忘记了那个女人。等他将要完成时，发现那个女人越来越靠近他。她每走一步便停一停，想退缩，却又稳步向前，被某种无法自制的力量推向前去。他盯住她的眼睛。她的脸上露出惊慌、激动的神情，似乎陷入了某种无法自制的莫名其妙的感情之中。她没有看向梵高，而是直望着他的画，没有作声。他返身作画，凭着最后一股劲儿将画画完。

交谈后，梵高知道了她的名字叫玛戈特。玛戈特三十多岁，长得并不很美，眼睛下面有一些褐色的小雀斑，但是眼睛却很美，那是一双深棕色的、温柔的、神秘的眼睛。原来玛戈特情不自禁地爱上了梵高，所以才一直在暗中注视着他。

玛戈特告诉梵高，她从没有谈过一次真正的恋爱，也几乎没有爱上过什么人，她每天都在祈祷遇到一个自己爱的人，现在遇到了他，终于是得偿所愿了。梵高对玛戈特深切的爱意感到惊奇，他从没想过也会有人爱上自己，以往他都是被拒绝的对象呀。

玛戈特的深情使梵高感动，他们每天都相约在田野中见面。爱情使玛戈特容光焕发，看上去年轻了许多。灰褐色的头发呈现出富有生气的金色，又薄又干的嘴唇逐渐丰满、红润起来。她为梵高带来丰盛的午餐，从巴黎买来他赞赏的画。

玛戈特天天陪梵高出去画画，作画的地方都是要走上许久才能到达的荒原。他们俩走到那儿时，已经筋疲力尽了，但玛戈特从无怨言。梵高作画的时候，她坐在旁边，一动不动，从不打扰他。玛戈特对绘画一窍不通，但具有一种迅速和敏感的反应，能在恰好的时间说出恰好的话。

梵高对玛戈特的感情更多地来自同情和感激，而非爱情。他常想，若是在十年前就遇到玛戈特该是多么好的一件事。玛戈特十分了解梵高对她的感情，但她一点也不难过，她认为爱是美好的感情，不管是爱人还是被爱。

　　玛戈特的爱使梵高感到愉快,她从不用挑剔的目光看他,他的所作所为在她看来都是正确的。她没有斥责他举止缺乏教养,也不批评他嗓门粗哑,更不嫌弃他脸上风吹日晒留下的皱纹。她从不责备他挣不来钱,也不怂恿他去干与绘画不相干的事。

　　梵高还没有适应现在的改变,他不相信自己会得到上帝的优待。他天天都准备着这种关系的破裂,准备着玛戈特变得冷酷无情从而对他的失败大加贬抑。她的爱情一直有增无减,她所给予他的是那种只有成熟的妇人才能具备的深刻的同情和崇拜。

　　玛戈特的母亲对她说了许多梵高的坏话,比如他与克里斯汀的事,说他是个花心的浪荡子。玛戈特并不相信梵高是那种人,她坚定地认为那是恶语中伤。梵高把自己和克里斯汀的故事告诉了玛戈特,她非常理解梵高。

　　全纽恩南都在议论梵高和玛戈特,镇上的人喜欢玛戈特,但对梵高却既不信任又有些惧怕,而玛戈特的家人千方百计要阻止他们恋爱。玛戈特送给梵高他梦寐以求的约翰·马歇尔著的非常精美的《艺用解剖学》。梵高知道自己没有真正爱上玛戈特,但是他很感激她为他做的一切,于是决定和玛戈特结婚。他们把这个消息告诉家里人,在两个家庭中引起了轩然大波。

　　梵高家的问题很简单,西奥多卢牧师认为梵高现在是靠提奥供养,没有自立能力,不适宜结婚。玛戈特家要混乱得多，如果五个女儿都不出嫁，就能站在坚固的阵地上对付全世界。现在玛戈特要结婚了，而且是和连自己都养不活的人，在她母亲看来，这将意味着她其余四个女儿的不幸，她无论如何也不能容忍用一个女儿的幸福招致其他女儿的不幸。

玛戈特想要和梵高结婚的阻力太大了，她的姐妹每天都要狠狠地诅咒梵高。她们知道梵高曾经在海牙与妓女同居，靠他弟弟养活，做过画行职员、教师、书店员工，学过神学，还当过福音传教士，但没有一样干得成功。她们认为他已经不可救药、一文不名，像个游手好闲的流浪汉。

梵高到玛戈特家时，遭到了她母亲的侮辱和拒绝。接下去的几天中，玛戈特很难受，因为家里不允许她去看望梵高。梵高一直待在花园中的画室，他毫无办法。玛戈特憎恨她的姐妹，因为她们可能会毁掉她的一生。

许多年来，玛戈特在精神上的失调显露出来了。她精神不健康，身体也不健康。在家人的强攻下，她的精神一天天地消沉下去。玛戈特的脸上重新起了皱纹，旧时的忧愁神情又在眼中显露，皮肤开始苍白和粗糙起来。

梵高在这巨大的压力下想到了放弃。他从来没有真正地爱过她，现在比以前更不需要她了。他对自己的冷淡感到羞愧。玛戈特偷偷从家里溜出来找梵高，她穿着他第一次遇见她时的衣裙，肩上披着围巾。他注意到她双颊上的淡淡红晕。她又成了那个几星期前滋润在爱情中的神采焕发的女人。梵高隐约觉察出她有些不对劲，但是玛戈特的样子看上去很幸福。玛戈特趁梵高不注意，把一个瓶子里的东西喝了下去。

一会儿，玛戈特痛苦地叫起来，在一阵剧烈的抽搐中倒在地上。她的双眼紧闭，脸上流露出一丝讥笑。她又发作了一阵很快的痉挛，身体僵硬起来，双臂弯曲。梵高抱起玛戈特，疯狂地奔向医馆。他不停地大声喊"玛戈特服毒了，快救救她……"

医生把玛戈特救活了，同时建议把她送到疗养院里待一阵子。梵高站在一个黑暗的角落里，一声不响。马车驾到房子的前面，医生用条毯子将玛戈特裹好，抱她出去。抱着玛戈特的医生一出去，四下里立刻静了下来。玛戈特的母亲愤怒地指责梵高是杀人凶手。

原本对梵高改善态度的邻居们，现在对他极为反感。梵高早已习惯别人对他的不友善的态度，但是他不想给父母带来麻烦，他决定离开家里。

创作《吃土豆的人》

梵高一时之间想不到其他可以容身的地方。布拉班特是他的家乡啊，他希望永远住在这里。他渴望描绘织工和农民，渴望置身于冬季的深雪、秋季厚厚的黄色落叶、夏季成熟的麦田和春季碧绿的草茵中，渴望同那些刈割者和农家姑娘在一起，夏日头顶苍穹，冬日坐在炉旁。

他崇拜米勒的《晚钟》，认为那反映淳朴的真实感人的劳动者的作品才是伟大不朽的。他决定搬到外面去住，他找到天主教堂的看守人约翰，请约翰租房子给他。约翰的妻子安德莉娜是个好心肠的女人，她出租给梵高两间房子。梵高就睡在她家楼梯上面屋顶的阁楼里。在这里，梵高可以将全身心放在绘画上了。

这时，悲痛的事情发生了。

西奥多卢牧师去看望一名生病的教民，回来时在住宅后面的台阶上跌了一跤，去世了，家人把他葬在旧教堂附近的花园里，提奥回家参加了葬礼。

从提奥那里，梵高第一次听到了"印象派"这个词语。"印象派"是1874年由法国的漫画家、摄影家和出版家举办的一次画展后流传开来的一个词。画展中有一幅克洛德·莫奈的题为《印象·日出》的油画。评论家路易斯·勒鲁瓦评论这次画展为印象派画展。

印象派的成员有爱德华·马奈、德加、雷诺阿、克洛德·莫奈、西斯莱、库尔贝、高更、塞尚、修拉等。

梵高对他们的作品有很大的兴趣，尤其是当他得知他们和他一样穷困潦倒，靠着与绘画无关的事情谋生时，心中的情感进一步加深了。

提奥邀请梵高一起到巴黎去，但是他还想在这里再待一段时间。

葬礼过后，梵高的妹妹伊丽莎白明确表示他已完全不受欢迎。因为这个家庭确实需要名誉，梵高已经给家庭带来不好的名声了，所以安娜没有否定女儿的决定，梵高在纽恩南就彻底被孤立了。

不久后，梵高与名叫德·格罗特的农民一家交上朋友。那一家有母亲、父亲、儿子和两个女儿，全在田里干活。他们皮肤黝黑，有高高弓起的鼻梁、张得大大的鼻孔、宽大的嘴巴。他们以土豆为食物，喝一杯黑咖啡，也许一星期有一次吃上一片火腿。种土豆、挖土豆就是他们的生活。

斯蒂思·德·格罗特是一个17岁左右可爱的讨人喜欢的女孩子。梵高每天都到她家来，画她们一家子在地里挖土豆、在屋里忙活、吃煮土豆。斯蒂思也常到他的画室里做模特，他们无话不谈。她很顽皮，总是把画室弄得一团糟。冬天又来临了，大雪使梵高不得不留在画室里工作。

梵高想画一幅格罗特一家晚上在饭桌上吃土豆和喝咖啡的油画。为了把他们画好，他认为首先要把附近的每个农民都画下来。

不知不觉又过了几个月，梵高对农民的生活，该画的已经都画过了，该了解的也已经都了解到了。梵高深知再在纽恩南待下去没有任何意义，是该离去的时候了。

梵高在画室里端详着自己的作品，整整两年的时间，他也创作出了上百件的作品。其中有织工和他们的妻子，有织机，有田间的农民，有牧师住宅花园里修整过的树木和那古老教堂的尖顶，有炎炎烈日下的树篱，有大雪覆盖的田野。

《吃土豆的人》

每一幅都是他努力辛苦的成果，但似乎仍是没有自己理想中的画作。

想到这里，他收拾好画架、颜料、画布还有油画笔，又到了格罗特的小屋，等他们一家人从地里回来。在他们围在一起吃晚餐的时候，他就开始作画。但是每次完成后，他又很不满意，只好第二天又去重复前一天的工作。这些天他没日没夜地画，时常连饭也不吃，靠精神的力量维持着生命。他失败的次数愈多，就愈兴奋。

格罗特一家对梵高很友好，他们晚饭后坐在桌旁，谈论些农事，为梵高做模特。梵高终于画出了他心中的画：画上面有肮脏的亚麻桌布和熏黑的墙，那盏吊灯挂在粗陋的梁上，斯蒂思给父亲端来煮土豆，母亲在倒黑咖啡，哥哥把杯子端在嘴边。

梵高激动地感到已经把握住自己想要的感觉了，就是这种朴实、自然的风格。在他的笔下，布拉班特的农民从此获得了不朽的生命。

这幅画就是著名的《吃土豆的人》。

画完后，梵高把画交给安娜保管，自己则踏上了前往巴黎的路程。

独一无二的创作风格

模仿印象派风格

在到巴黎之前，梵高在安特瓦普这个繁荣的海湾待过一段时间。这里的景色宜人，海上有成群的海鸥飞舞，鳞次栉比地穿梭着的载满世界各地的珍贵货物的船只。梵高在一家画具商的二楼租下房子，给提奥写了一封信。

亲爱的提奥：

安特瓦普深深地吸引了我，我到各大街小巷去逛了一圈，码头和广场也去了好几次。

我一向住在灌木丛生的荒野，以及寂静的乡下，一旦来到这样繁华、热闹的地方，处处都有新鲜之感。我想知道跟你一起散步时，是否也能产生相同的印象呢？

在大都市里很容易迷路。这里有不同的习俗、有趣的事物、新鲜的话题。我不敢贸然闯到特别危险的地区去，只偶尔穿过许多小路和巷道。我对肖像画很有兴趣，有些姑娘们误以为我是船员，我就支付费用请她们做我的模特。

安特瓦普这个地方太好了，尤其对于画家来说，实在是个好地方。

我的房间还不坏，我在墙壁上贴满了日本的小型风景画，因为这些画令我着迷。例如庭园、海滨小女孩的人物画，以及骑在马上的日本武士、花朵和树枝等。

梵高阅读了法国刚库尔兄弟所写的书，对日本浮世绘的版画产生了莫大的兴趣。他对于浮世绘所呈现的色彩赞不绝口。每次走到港口，看到从东洋航线回来的船员们，携回不少当地的土产品，梵高便要求他们以便宜的价格卖给他，或到街上的旧货店去买一些他深感喜爱的物品，都能如愿以偿。

梵高经常到处寻找作画的题材，一有时间就给提奥写信。

亲爱的提奥：

我在此经常去美术馆，但除了少数几张画外，其他没有什么可看。

路贝斯用纯粹而强烈的红色来画面部，并用强烈的笔触画出手指和肉体的手法，都给我留下深刻的印象。他似乎善用色彩结合法来表示愉快、沉静和悲伤，结果都很成功。

梵高决定在这儿多待一段时间，他希望对自己的作画技巧能大有帮助。不久,他就把身上仅有的一点儿钱都花完了。尚未收到提奥的汇款之前,他只能嚼干面包、喝开水,有时候为了填补空腹,竟胡乱抽起烟来。梵高的健康开始恶化,牙齿一颗一颗地脱落,前后已经脱落了十颗,咳嗽愈来愈严重,脸色异常难看。

1886 年,梵高进入一家美术学校,这所学校不需要缴学费,每天都有免费的模特儿。以前,他常常为请模特支付费用,现在可以把这笔钱省下来做伙食费,因此,他的心情也就轻松多了。但是,与以前一样,他无法与同学和老师相处融洽。他怪异的打扮、憔悴的面容、穷困的模样使得同学们既厌恶又好笑;他的固执己见令老师头痛不已。后来,他在学校已经没有容身之地了。

梵高到巴黎的时候,提奥在画廊再次得到提升,他现在在蒙马特尔林荫大道的古皮尔画廊工作。提奥在一楼和二楼之间的楼厅里悬挂印象派莫奈、德加、毕沙罗等人的作品,他是一个极具慧眼又乐于给年轻画家机会的画商。

早晨的阳光洒满街道,蒙马特尔街缓缓盘山而上,通到克里希大街和蒙马特尔高坡,从那里下山就可以到巴黎市中心了。这是一个中产阶级聚居的地区,街上挤满了小店铺。人们忙忙碌碌地做着各种事情。

这里就是世界艺术之都——巴黎。梵高专注地看着周围的一切,跑动的店伙计、买面包的主妇、匆匆忙忙的生意人,沿街有不计其数的甜食店、面包房、肉铺、洗衣坊和咖啡馆。

梵高和提奥一起穿过广场，走过圣母院，街道变得更加宽阔、华丽，商店规模更大，人们的衣着更讲究。早晨的阳光使人精神分外清爽，空气中飘浮的气味使人联想到这座城市的那种奢华而复杂的生活。

提奥建议梵高到科尔蒙画室去工作，梵高担心学费很贵，他不想再增加提奥的负担了。提奥劝他不必考虑金钱问题。走进宽阔、壮观的蒙马特尔林荫大道，这里有宏伟的百货商店，有拱廊和商品价格昂贵的店铺。这是市里最重要的大道，往前走便是意大利林荫大道，可以通到歌剧院广场。

提奥工作的地方离蒙马特尔街的右端只隔着一条很短的街。他们进了画行，衣着整齐的店员都恭敬地向提奥鞠躬行礼，大厅四壁悬挂着布格罗、德拉罗奇等人的画，大厅后面有楼梯通往上面一个小楼厅。

在楼厅里，梵高看到了印象派画家的画。他震惊了，他从未见过这样的作品，他从小就看惯了那种阴暗、沉闷的画，没有笔触，光光的画面上每一个细节都描绘得精确而完整，颜色也是逐渐过渡、交融在一起。

这些画却全然不一样，打破了长久以来画的风格，情感上的冷漠不见了，欧洲几个世纪以来，那种沉闷、晦涩的颜色荡然无存了。这些画表现出对太阳的狂热崇拜，充满阳光、空气和颤动的生命感。

德加描绘芭蕾舞女演员的那些画竟毫不客气地把红、黄、蓝几种颜色堆砌在一起；莫奈在户外阳光下画出的一组河畔风景，把仲夏时节炎火烈日下的成熟而蓬勃旺盛的莲花的颜色表现得淋漓尽致，笔法独特。他们的作品色彩明亮、耀眼。莫奈用的最深的颜色，也要比在荷兰所有美术馆中能找到的画上最明亮的颜色亮许多。

马奈的画上是一个男子坐在小船上，手里握着船舵，是描绘法国人礼拜天休息的画。梵高想起了关于这位先生的传闻，他的一幅《草地上的午餐》和《奥林匹亚》展出时，警察为了保护这两幅画不被人用刀砍坏，而不得不用绳子拦上。他开始琢磨这些画，领悟到这些画家们的画面上充满了空气和阳光。他们是透过这些有生命的、流动的、充实的空气和阳光看事物的。这些人的大胆创新完全推翻了传统。

梵高在不能自拔的颤抖中回到提奥的住所，径直奔向他那些打成捆的画，把它们全部摊放在地板上。他瞪着自己的油画，第一次感到它们是那么的晦暗、阴沉、笨拙、乏味而又死气沉沉。他觉得自己彻底地过时了。

提奥见梵高一直盯着自己的作品，不发一语，他能明白梵高的想法，温柔地说："你的作品很不错，是世界上独一无二的作品，是属于文森特·梵高的。你可以向印象派学习，可以借鉴，但是你千万不能模仿，否则你会深陷其中而丧失自己的。"

梵高没能理解提奥的劝说，他非常懊恼没有早点在巴黎学习，白白浪费了六年时间。提奥却不这么认为，他觉得梵高应该庆幸现在已有了自己的风格。梵高作画的色彩、光线、线条都有他独特的个性。如果梵高一开始就在巴黎学画的话，可能不是他改造了巴黎的艺术，而是巴黎改造了他。

提奥接着激动地说："你有一双目光敏锐的眼睛和一只善于描绘的手。现在你所需要做的，只是调亮你的调色板，并且学会怎样描绘流动的、透明的空气。生活在这样一个正在发生重大变革的时代，你会有所作为的！"

梵高很快在科尔蒙画室开始画画。他在那里认识了亨利·图卢兹·劳特累克，两人立刻交上朋友。劳特累克的脸是扁平形的，五官十分突出，满脸浓密的黑胡须，他是个瘸子，他的结实的身躯向前弯成一个以腰为顶点的三角形，直落在两条萎缩的细腿上。他的两条腿都是跌断的，从此就没能好起来。

劳特累克如果是个正常人，他就不会成为画家。因为他父亲是一个伯爵，他是这一头衔的直接继承人。他邀请梵高到他的住处去，他的住处除了画布、画框、画架、画凳、踏板和一卷卷披布之外，还塞了两张大桌子。一张桌上摆满一瓶瓶好酒和各种颜色的饮料，另一张桌上堆满舞鞋、假发、旧书、衬衫、手套、长袜、粗俗的照片和珍贵的日本版画。在这些乱七八糟的东西当中，只有一小块空地方可让劳特累克当画室用。

劳特累克喜欢画"丑陋"的人和物，他把酒馆的舞女、妓女和村姑作为模特。梵高研究起劳特累克画的蒙马特尔一家妓院内的姑娘们的素描。他看出这都是客观的肖像画，没有道德说教。在姑娘们的脸上，劳特累克抓住了不幸、痛苦、麻木、欲望和精神苦闷。梵高觉得这和自己喜欢画的农民没有什么区别，他们都是生活最真实的反映，是真正的美。

从劳特累克的嘴里，梵高第一次听到高更这个名字。高更是个出色的画家，他在拉丁美洲的马提尼克岛屿上生活过一段时间，画了大量的关于马提尼克土著妇女的画。有一段时间，他完全沉醉于对原始人独立生活的向往之中。他有过妻子和三个孩子，在股票交易所曾有个年薪 3 万法郎的职位。他从毕沙罗、马奈和西斯莱手里买了价值 115 万法郎的画。自从他在股票交易所艺术俱乐部和马奈结识后，就对绘画产生了浓厚的兴趣，从而放弃了交易所的工作，同家人到鲁昂靠积蓄过了一年只有绘画的生活。后来，他把妻子、孩子送到斯德哥尔摩的岳父母家，从此后便靠东挪西借过日子。高更的经历给梵高留下了深刻的印象。

梵高开始尝试画印象派的作品，这个转变看上去一点也不难，他只要扔掉他过去的调色板，买些鲜亮的颜料，然后按照印象派那样去画。第一天的尝试结束了，效果使他既惊奇又恼火。第二天，他已经被弄得昏头涨脑了。这种精神状态又发展成懊丧、气愤乃至惊恐、忧虑，不到一个礼拜，他已经怒气冲天了。他画出的油画仍然那样阴暗、呆板，并且不自然。

在科尔蒙画室和梵高一起的劳特累克，听着梵高咒骂不休，但不提出任何劝告。这是一段难熬的时间，梵高的状况糟糕极了。提奥的生活也乱七八糟起来，他是一个温文尔雅的君子，举止稳重，生活习惯优雅，不论穿着或礼仪，不论在家或办公的地方都彬彬有礼。梵高却把他井井有条的住处破坏殆尽，到处乱放着画布、画笔、空颜料管。

梵高的耐心已经消磨尽了，他已经三十几岁了，还像刚学画的人一样摸索着学习别人的东西，并且收效甚微。提奥想尽办法安慰梵高，梵高的情绪才稍稍平复了些。

第二天，为了让梵高放松心情，提奥带着他一起到酒馆去。提奥准备把几个印象派的画家朋友介绍给梵高，其中就有高更。高更的头和五官看上去略显庞大，鼻子从左眼角直落到右嘴角；眼睛有杏仁那么大，眼球突出，眼神极其忧郁；颊骨在眼睛下突起，并延伸到长长的面颊，横过宽大的下巴。他是一个巨人，具有不可抵抗的、野性的生命力。

梵高向高更请求观赏他的作品。高更把梵高带到他寒碜的房间，他把画从床底下拉出来放在地板上。尽管梵高明白他的画一定非同寻常，但真正观看时还是目瞪口呆，不知说什么好。画上是杂乱无章的一堆阳光，天空、大海、树木、人，都是梵高难以想象出来的样子。这些画上，有的画着笨拙难看的土著居民，天真淳朴的眼睛中隐含着无限的奥秘；还有用火焰般的粉色、紫色和富于颤动感的红色绘成的梦幻的画面；以及纯装饰性的风景，画面上的野生动植物洋溢着太阳的炽热和光辉。

高更骄傲、得意地告诉梵高，他认为只有乔治·修拉的画可以和他媲美。乔治·修拉的画没有一个画商愿意展出，然而他却是一个伟大的画家。高更把梵高介绍给了修拉。

修拉的画同样震惊了梵高。那是一幅风景画，建筑物似的人物，用无数色彩刻度点画出，就像杆子似的立在哥特式教堂里。草地、河流、小船和树林，都是点点光亮的含糊而抽象的颗粒。画面是以调色板上最明亮的色调组成，比起德加，甚至高，修拉更敢用的色调更明亮，图画退缩到几乎抽象的和谐境界之中。梵高掌握不了他是如何支配这些线条的。修拉向梵高作了解释，他把绘画看作抽象的艺术，要达到思维的数学般的精确性，任何感觉都能够，也必须变成色彩、线条和色调的抽象表达。

修拉把绘画归为应用公式，他不追求表现事物的本身，而是表现事物的本质。他作了个比喻，画一个物品时，不应该是画得逼真就是好作品，而是要画出精神、本质。梵高似懂非懂，但是印象派的画已经完全把他迷住了。

梵高在画室埋头作画，每一幅都似乎是高更或修拉的复制品。梵高却认为自己的画技似乎有了大的进步。提奥为此恼怒不已，他和一直敬爱的哥哥争吵起来。提奥认为梵高的模仿真是愚蠢极了，难道世界上要出现两个高更或者是两个修拉吗？再这样下去，梵高会把自己特有的风格都失去了。

梵高画了一幅充满"特色"的画，他把所有印象派的绘画风格融入一张画中。这张画有高更的树木、莫奈的色彩、毕沙罗的树叶、修拉的空气。他每天与提奥争论画的手法，提奥为此精疲力尽。

提奥曾经费尽口舌也没有使古皮尔画行的上层经理同意把梵高的画展览出来。梵高劝提奥离开画行，自己开店，但是提奥没有那么多资金。梵高觉得是他拖累了提奥，提奥并不这么认为，他一如既往地支持着梵高。

一天，提奥邀梵高一块儿去出席一个宴会，是一个叫亨利·卢梭的画家发出的请帖。他的个子矮小，但很结实；方形的脸庞，粗短的鼻子和下巴，天真无邪的大眼睛。他的轮廓与梵高有些相似。

卢梭曾是地方海关的收税员。他是巴黎最穷的画家之一，居住的是破旧脏乱的工人区，门厅里一股烧饭、洗衣和厕所的混合臭味足以把人熏死。他几年前来到巴黎，常常在星期天作画。他从没有受过多少教育和指导，或者受到什么指教，但是他会画画、写诗、作曲，教工人的孩子拉小提琴、弹钢琴，教老年人绘画。因为没钱，他教课用的小提琴都是租的。

卢梭喜欢画一些稀奇古怪的动物，它们怪异地从热带丛林中窥视外界。高更经常笑话他，在别人眼中他就是个地地道道的疯子。

卢梭这次开宴会的目的是想廉价出卖他的作品，以便获取法郎来购买食物、烟草和画布。卢梭说他在提奥那里看过梵高画的农民，他认为比米勒画得要好。两人似乎有种别人难以觉察的默契，他们相视一笑。

提奥的工作很忙，每天很少在家。高更经常到梵高的公寓来，他看到了梵高在布拉班特和海牙画的一些油画。他很惊讶，甚至想不出准确的语言把自己的感觉表达出来。高更思考了一会儿，终于张口了，他认为梵高可能患有癫痫病。梵高从来没听过这个词，癫痫病就是阵发性精神病。

梵高的画似乎要从画布上跳出来，狰狞、狂暴，使看画的人五脏六腑都颤抖不停。梵高想想自己作画时的感受，是有一种无法控制的兴奋，并且那种情感像要爆炸开来。

高更和梵高出去吃饭时遇到了塞尚。塞尚看上去很像落魄的画家，其实他的父亲是很有钱的银行家。塞尚正在生气。因为爱弥尔·左拉刚写了一本书《作品》，里面的主人翁就是以塞尚为模板的。左拉把他描绘成一个空想家，是一个误入歧途的可怜虫，自以为在革新艺术，之所以不因袭传统的画法，是因为压根儿缺乏应有的绘画才能。最后左拉还给这个以塞尚为原型的画家安排了一个自杀的结局，他后来认识到自己不应该把胡乱的涂鸦当作才华。

左拉和塞尚是同乡，而且自幼时起就是好朋友。不知是出于什么原因，他竟然如此糟蹋自己的朋友。事实上，塞尚的油画确实不受人欢迎。在巴黎，唯一愿意把他的画放进橱窗的画商是佩雷。塞尚不想再在巴黎待下去，他准备回埃克斯当个隐居者，在普罗旺斯明亮的阳光下过与世无争的隐士生活。

左拉也到这里来了，塞尚看见了后避开他坐在一个角落。高更把梵高介绍给左拉，接着就和劳特累克坐在了一起。左拉和梵高交谈了起来，他们谈到了左拉以前写的一本书《萌芽》，这本书已经在法国的矿区引起四次罢工和反抗，销售额非常好。左拉当初到过博里纳日为《萌芽》收集素材，听那些煤矿工人讲述过一个给予他们许多关怀的基督式人物，这个人正是梵高。

劳特累克正和修拉讨论关于用色方面的问题，他们激烈地争论不休。后来，高更和卢梭也加入进去了。大家聚在一块儿听左拉高谈阔论："艺术是不能用道德标准来评判的。艺术是超道德的，生活也是如此。在我看来，不健康的画和书籍是没有的，有的只是想象力贫弱和技巧拙劣的作品。劳特累克笔下的妓女是道德的，因为她表现了藏在她外表下的美；布格罗笔下的贞洁姑娘却是不道德的，因为她显得矫揉造作，让人不愿意看第二眼。"

提奥很赞成左拉的看法。这些画家之所以尊重左拉，并非由于他已获得成功，而是由于他是用一种在他们看来神秘又难于掌握的手段进行创作。梵高这时提出，人们对他的作品的看法不是不道德，而是丑陋。

劳特累克大笑起来，他从口袋里拿出一份剪报，上面有批评家对他在上届"独立沙龙"里的油画的评论。他们说，劳特累克只喜爱那些粗陋、低下的素材，他对美好的事物、优雅的行为感到麻木不仁，庄重的事物永远打动不了他。左拉他们听后，大谈了一场美好与丑陋的本质。他们认为真实的都是美好的，即便真实的面目是可怕的。大自然的一切不应分丑美，要全部接受，在粗糙的真实中比在巧妙的谎话中，有更多的美。痛苦是好的，因为它在人的全部感情中是最深刻的。

提奥和梵高搬进了蒙马特尔的勒皮克街 54 号的新寓所。这所房子离拉瓦尔街很近，他们只要走上蒙马特尔街，过不了几个街区就到了克里希林荫大道了。他们的那套房子在三楼，里面有三个大房间、一个小房间和一个厨房。

梵高自此也不再到科尔蒙那里画画了。提奥给他买来成批的画布和颜料，让他安心作画。他每天起得很早，画得很用心，但是很快又开始不耐烦了，情绪非常糟糕，并且变化无常。他几乎每天都要与提奥争吵，提奥已经不止一次考虑让他单独出去住了。

提奥就此事写信给妹妹。信里说："现在我的日子，简直痛苦得难以忍受。我和大哥经常吵架，他把家里弄得一团糟。他的房间简直像垃圾场，又脏又乱。朋友们已经不愿意到这儿来了。我打算让大哥离开这里，但是不知道如何开口，如果把这样的话说出来，像是要把大哥赶走一样。我对大哥已经无能为力了，只希望他不要再招来麻烦。大哥住在这里，真让我吃了不少苦头。他好像两面人，时而满怀才气、性情温顺，时而自我暴躁、从不考虑别人的感受。这两种性格经常轮流出现，但是往往自我的时候多些。"

提奥对自己的这种想法又十分内疚，他敬爱梵高，对梵高的才华一直抱有绝不怀疑的态度。左思右想之后，他安慰自己说，伟大的艺术家都是常人不能忍受的。他仍然一如既往地对待梵高，丝毫没有改变自己的态度。

提奥决定为梵高的那些印象派朋友举行一次宴会。客厅里坐满了陆陆续续到来的客人。他们都是个性强烈、狂热的自我主义者，提奥称他们为偏执狂。他们大声地谈论，使房间里充满了慷慨激昂的气氛。他们喜欢争论，固执己见，诅咒一切厌恶的事物。世上遭到他们厌恶的事物很多，哪怕比提奥家大几倍的客厅都装不下。他们的嗓门又高又粗，人人激动不已、手舞足蹈、口若悬河。

高更正用粗暴的声音表达他对其他画家作品的看法。他说塞尚的油画冷冰冰的，一点感情都没有，只会用眼睛去画所看到的风景。修拉也是一样糟糕，因为他完全靠什么抽象的公式。劳特累克和梵高还是不错的，他们一个用怨恨、一个用心作画。塞尚当然不服气高更的说法，两人你一句、我一句地争论不休。

提奥虽然很喜欢这些画家，也尊重他们的才华，但无法忍受他们如此吵闹。因为他是一个优雅、稳重的人，很少和别人争论。他面带微笑，轻轻打开门走了出去，没有一个人注意到。

提奥最近一段时间很忙，少有时间在家。高更便时不时前来找梵高，他帮梵高调颜料。当高更得知梵高的颜料是提奥成批买来的之后，立刻给他介绍了一家巴黎出售颜料最便宜的店铺，老板就是佩雷。

佩雷来巴黎之前是个粉刷匠，做过磨颜料的工作。后来，他在画具商会做职工，最后才有了自己的店铺。他时常向画家们推销画具，因此认识了塞尚、莫奈他们。他对年轻的画家们十分友好，如果碰到画家没钱买画具或画架时，只要对方带几幅作品来，他照样会很亲切地借钱给他。那些穷画家们把画放在这儿，也不再来领回去，所以，店里堆满了各种作品。店里还经常备有食物，那些饥饿的画家们可以得到一顿饱饭，他们都喜欢到这儿来。佩雷给梵高介绍了一位年轻画家艾米尔·贝尔那尔。其实他们对彼此很熟悉，只是一直没有见面。

　　佩雷是巴黎第一个展出塞尚油画的画商。他热爱艺术，经常把年轻画家的优秀油画陈列在他的小店里，这样他就能整天生活在绘画之中了。

　　梵高和高更来到佩雷的小店铺。梵高在这里见到了一直感兴趣的日本版画，但他没有钱买。佩雷很热情地送了梵高几张。

　　在上次宴会结束后，梵高和印象派的画家们想合伙办一个展览，名称就叫做"小林荫道俱乐部"首届展览，地点选定在由佩雷推荐的诺文餐厅。之前，他们找的餐厅拒绝了为他们展览的请求。

　　诺文餐厅的老板同意了，那是个很简朴的房子。他们在房子里挂满了他们各式各样千奇百怪的油画。佩雷在墙上贴满了告示：廉价出售绘画，请与老板接洽。来吃饭的大多是

些普通工人，他们对墙上这些画毫不感兴趣，只管吃他们的
饭。一直到餐厅关门，也没有一个人来同老板商量买画的事。
这些自命不凡的画家们一个个失望至极。

一条路行不通，他们立刻找到另一条路，想出来让提奥
来做他们的经纪人，开个艺术画店。他们轮番做提奥的工作，
在提奥家中不断开会讨论。提奥被他们弄得精神疲惫，最终
违心地答应了。提奥的公寓里天天晚上都挤满了人，报纸的
记者前来采访，艺术评论家在讨论这场新运动。法国各地的
画家都回到巴黎参加这个组织。

一个多月的时间，梵高连想他的调色板的时间都没有。
他是那样地忙，忙得把作画都忘了。不久，资金已经凑齐了，
提奥已经买下了一个店面。他们拟订了参加开幕的人员名单，
又从成堆的油画中挑选出准备在首次画展中展出的油画。

梵高走进画室，见到画架上的画布还是好久以前的；调
色板上的颜料已经干裂，蒙上了一层灰尘；颜料管被踢到了
角落里；扔得到处都是的画笔上干结着变硬的旧颜料。他在
心中暗自问道，自己还是一个画家吗？自己已经有多久没摸
画笔了？自己每天做了什么？

梵高把前一段时间画的作品摆出来，仔细地凝视着。作
品的色彩鲜亮了，渐渐地没有了模仿的痕迹。他第一次领悟
到，他已经形成了一种很独特的技法。这和他所见过的一切
都不同，他甚至不明白这是怎么做到的，他的作品中已经获
得一种非常奇特的表现手段。

他开始按时作画，进一步摸索绘画的手法。他画了大量的自画像，发现自己已经掌握了必要的技巧，印象派的色彩，分色主义的点彩法，甚至日本浮世绘的奇特构图都融入了自己的作品。梵高产生了离开巴黎的想法，他需要回到他的田野中去。

巴黎曾经给了梵高数不清的惊奇，在这里，他还喝了太多的酒，抽了太多的烟，参加过许多次外界活动。他被塞得满满的。现在，他迫切地希望离开，独自去某个安静的地方。在那儿，他可以把充沛的精力倾注到他的绘画上，他仅仅需要有一个炽热的太阳促使他成熟结果。他有一种感觉，他一生的最高峰，他为之奋斗了漫长的八个年头的那种创作力的全盛时期已经离得不远了。

梵高还没有创作出一幅他认为不朽的作品，他预感到这个作品不久后定会到来。在巴黎两年，是他离开古皮尔画行后最有保障、最舒适、最丰富的时光。他清楚，一旦离开，又将回到穷困落魄的生活中去，但是这没有阻止他离开的脚步。

提奥接到家中的信让他回去商谈结婚的事情。提奥到家后，给梵高寄去了钱和信。梵高收到后，以最快的速度给提奥回了一封信。

亲爱的提奥：

谢谢你的信和信封里的钱。如果有一天我能够成功，也无法偿还你为我所付出的一切。你告诉我家里的情况，我听了很高兴。

妈妈很高兴你能回去商谈结婚的事吧。不论从健康或工作方面说，独身生活总不是办法。我一直渴望结婚和孩子，我现在已经 35 岁了，这种欲望越来越迫切。

听了你的劝告，我不再理会画家中不太好的那些人。有人曾经说过："对于艺术过于狂爱，反会使真正的爱丧失。"很有道理，然而，爱却是表达不了的艺术。

我有时会以为是自己上了年纪，伤感较多。有时又想到放弃绘画的热情，因为我实在热爱人类。如想要成功，野心是必要的，但野心有时也很要不得。

今后的变化如何，无法预测，但对于钱的问题不必担心。我想，我的作品，终有一天会被人欣赏的，这也不是绝不可能的事。

梵高在墙上挂满了画，其中包括那张戴圆顶草帽的佩雷的肖像、一幅盖莱特磨坊、一幅淡红色的虾和一幅从背部看去的女人裸体的习作。还有一幅是梵高在巴黎最后的作品，这幅画的下面写着一行小字"赠予提奥"。梵高希望提奥以后见到他的画，会想念他。提奥见后，也非常感动。

虽然下定了离开的决心，但是梵高还没有想好下一个目的地。恰好，劳特累克来看望梵高时，说起了法国南部的普罗旺斯，那儿阳光充沛，景色宜人，美不胜收。冬天越来越近，梵高的癫痫病又发作了。

难以忘怀的阿尔

梵高决定起程前往法国南部的阿尔，提奥为了梵高身体的原因，也很赞同。1888 年，梵高离开巴黎，坐上了去往阿尔的火车。

这时正值冬季，平原上的积雪能达到 60 厘米厚。一路上，梵高见到了许多奇形怪状的黄色岩石，在这些岩石的峡谷里，有些小村落，并长满了橄榄树，还有枝叶茂密的大树林。从三等车厢下来，耀眼的阳光和清新纯净的空气迎面而来。梵高来到了法国南部普罗旺斯的阿尔市。阿尔是一座古城。

顺着一条弯弯曲曲的路，梵高从车站走到拉马丁广场。他找到一家兼营餐厅的旅馆，住了下来。房间里有一张铜架床、一个脸盆、一张粗笨的椅子，还有一张未油漆过的桌子。他把行李扔到床上，急切地跑出去游览已经深深吸引住他的城市。从拉马丁广场到市中心有两条路。左边那条环形路是马车走的，这条马路绕着城边缓缓盘旋到山顶，途中经过古罗马的广场和圆形竞技场。

梵高选了一条捷径，走这条路得穿过一条条迂回曲折、路面上铺着鹅卵石的窄街小巷。他爬了一段山路，气喘吁吁地来到市政府广场，继续走时经过了一些和古罗马时代一个样子的荒凉的石造庭院建筑。胡同窄得不能同时过两个人，由于环境的原因，街道弯弯曲曲的。

从高处俯瞰下去，一幢幢房子的屋顶拼凑成一幅错综复杂的图案。向大海处奔去的河流，河面宽阔、水流湍急。耸立的巍峨群山，在阳光的照耀下格外清晰。耕种过的土地、繁花怒放的果园、高高的山冈。天空是宁静、清朗的蓝色，飘浮着摇摇晃晃的白云。田野翠绿，土地在阳光下显现出鲜明的红色。

晚饭时，他回到旅店。在酒吧里，他要了一杯苦艾酒。他太激动了，丰富的感受使他得到极大满足，以至于他都不想吃东西了。

第二天一早，梵高抓起画架、颜料和画布开始进入绘画的世界。他看到一座吊桥，一辆小车正在桥上经过，蓝天衬托着桥和车的轮廓。河水蓝得像海水，河岸被青草染成几种颜色。一群穿着罩衫，头戴五颜六色帽子的洗衣女人，正在树荫下愉悦地洗着衣服。梵高彻底忘记了对印象派技巧的模仿，只剩下他独特、纯粹的自己。

每天黎明，梵高都要沿河流步行几公里，或者深入到乡间去寻觅一个使他动心的地方，然后，在日暮时分画完油画的最后一笔才收拾画具，回到他栖身的旅店。不久，他就完成了几幅作品，有《阿尔的老妇》《雪地平原》等。他休息之余给提奥写了一封回信。

亲爱的提奥:

来信及 50 法郎都已收到，谢谢你。据我所知，这里的生活费并不便宜，我已完成了三件作品，这是在巴黎无法做到的。

我发觉自己的健康逐渐恢复。在巴黎的最后一段时期，真是苦不堪言，我几乎忍耐不下去了。

在店里买不到画具和画布，凡是绘画所需要的东西都不齐备，必须到马赛才能买到，不过，我并没有失望，请你不必担心。

这里的少女很美，但美术馆却令人很不满意。只有保存古物的博物馆，倒还值得进去看一看。

梵高偶尔也写信给好友贝尔那尔:

首先要告诉你的，是这里新鲜的空气、明朗的色彩，都令人想起日本的风景。水面呈现碧绿的波纹，就像我们所看见的日本版画一样。风景使人着迷，黄昏的朝霞把土地也染成橘色了。

在这里，每天可以见到金黄色的阳光。女人们的服装很鲜艳，尤其是星期天漫步在街树下的情景更是令人陶醉。如果是在夏天，这景象会更为迷人!

这里的物价比想象中贵，我现在准备节约一些用了。我想找一处较为便宜的房子，如果有几个人一起合住的话，可以更节省。热爱太阳与色彩的艺术家，如果搬到法国南部来，一定会很适宜。

倘若日本人在这期间没有进步，那么，他们的艺术大概可以在法国翻版。

在信笺上端的，就是我现在的速写练习。又大又圆的黄色太阳，照射在形式古怪的吊桥上，水手们偕同情侣走向桥的另一头。另一幅也是以吊桥为背景，桥下有妇女们在洗衣服。

你现在在做什么？今后打算何去何从？务必请你详细告诉我。

梵高完全沸腾起来了，变成了一部狂热运转的机器。他自己都没有意识到在何种情况下，就迅速完成了一幅又一幅的油画。乡间果园的果树开花了。他产生了一种狂热的愿望，要去把它们全都画下来。他不再思索自己的画，他只是去画。他所进行的紧张劳动没有白费，终于突然间化成一股巨大的凯旋的力量。有时，他要在天将破晓时开始作画，到中午才能画完。画完之后他便徒步走回城里，喝一杯咖啡，然后又步履艰难地向另一个方向去画一幅新的油画。他不知道自己的画是好是坏，他并不在乎。他陶醉在阿尔的鲜艳的色彩中了。没有人和他说话，他也不想去搭理别人。

梵高想感受来自太阳的力量，他出去作画从不戴帽子。

阳光把他的头皮烤得发红，每晚回来像是在火炉中燃烧过一样。季风时节要到来了，一旦刮风，梵高便不能再出去作画了，他在心中期待着明朗的春天的到来。如此一来，梵高有更多的时间可以给提奥写信了。

亲爱的提奥：

今天难得天晴，温度也十分适宜。我已经领教了季风的威力。在这种风势之下，什么也不能做。

碧蓝的天空，太阳闪闪照耀着，积雪几乎都已融化，冷风依然吹袭，空气很干燥。总之，景色仍然秀丽。山丘上有一栋修道院，周围是松树和灰色的橄榄树园。最近，我打算画这些景色。

自从来到阿尔以后，我已完成了8幅画，可惜都不是很满意，因为在温和的阳光明媚的地方，也不见得能随心所欲地画周围的风光。为了完成几幅大的作品，我买了几张大型画布，价格跟巴黎不相上下。

亲爱的提奥：

我收到高更的来信，他似乎已病了半个月，躺在病床上。因为负债的关系，他已身无分文了。

他想知道你的店里是否已经把他的画卖出去了。钱少一点也无所谓，他目前很需要钱用，他甚至表示自己作品的售价很低也没关系。

高更命途多舛，令人同情。他是不是病了很久了呢？我非常担心他。他说，在人生的各种苦痛里，没有比缺钱更为难过的。

在目前的情况下，只有一个办法可解决他的困境。你们店里可否先把他那幅《海景》买下来？如果可以的话，他就能暂时安定下来了。

在我们这群朋友中，大部分都尝尽苦头，当然也包括我们两人在内。未来还会困难重重，我坚信一定能获得最后的胜利。但对于艺术家来说，能不能享受到胜利的果实？

严冬已经过去，梵高外出作画的次数多了起来。

亲爱的提奥：

你的来信已经收到，我没有想到你这么快就寄来50法郎。今天，我在外边完成一幅十五号的画。画面是一辆小型马车通过吊桥，碧蓝的天空照耀着桥面，绿色河川和草原土色的堤岸，一群戴着不同色彩帽子的少女们在河边洗衣服。

车站附近有一条大路，街道整齐。此地天气易变，天空经常阴沉沉的，风也吹个不停。

亲爱的弟弟，我觉得自己似乎站在日本国土上。我虽然常常跟你说这些话，然而，这些举目可见的美好事物，你却都没能见到。

春天来临了，果园里开满一树树繁花。梵高在果园里支起画架，兴致勃勃地开始工作。只见他陶醉在色彩和芬芳四溢的景色里，反复画了几幅相同的作品，他把自己的感受在信中一一叙述给提奥。

亲爱的提奥：

最近，我每天都过得很惬意，倒不是因为天气的关系……

不过，鲜花盛开的果园的景色，非好好画出来不可。季风猛吹的日子，实在令人伤脑筋。我仍旧到野外搭起画架，埋头绘画。

淡紫色的田野、芦苇的篱笆、蓝白色的天空、两棵蔷薇色的桃树，这是作品中最令我满意的风景画。

梵高有时在果园里，画了一整天，拖着疲倦的身体回来，步伐沉重，神经也麻木了。他无法节省，时时需要买进新画具和画布，提奥汇来的钱很快就花光了。能否使绘画速度减缓，让钱可以用得更久些呢？不，他绝对是不肯的，因为果园的百花盛开，景色极佳，若不及时完成，实在可惜。梵高在信函里一再地解释绝不是乱用钱，同时还催促弟弟尽可能再多寄些钱来。

一天，他在一片果园里作画，红色的栅栏围绕着园中的淡紫色的耕地，两株玫瑰色的桃树衬托在晴朗的蓝天白云的天宇中。他激动地将它们捕捉到画布上。回到旅店时，他收到一封信，原来莫夫在海牙死去了，他立即在自己画的桃树下写了"纪念莫夫——梵高和提奥"这行字，并题写诗句："只要活人还活着，死去的人总还是活着。"

梵高又发现了一片开花的果园，他以此为题开始作画。在他作画的过程中，狂风大作，风像海浪一样一阵阵翻卷而来。太阳在狂风的间隙中放射光芒，照得树上的白花闪闪发亮。梵高飞快地画着，这使他想起在斯赫维宁根的时候，那时他常常在雨中和风沙中作画，风暴掀起的海水飞溅到他的身上和画上。他的这幅油画给人的感觉是白色的，中间点缀着许多黄色、蓝色和紫色。当他画完时，他从他的画上还感觉到了西北风的肆虐。

不管有多忙，梵高也不会忘记给提奥写信。

亲爱的提奥：

早晨的天气极好。我在果园里作画，在茂密的树枝上点缀上无数略带紫黄色的白花。在这时候，忽然刮起一阵猛烈的风，我赶快跑进房里。隔了一会儿，我觉得没什么问题了，又返回原处。太阳不时发出万丈光芒，照耀着小瓣的白花，这幅景色实在太美了。

亲爱的提奥：

我在一个绿油油的小果园里，画一丛杏树——淡白色的杏树，效果不亚于桃树。

到目前为止，情况非常好，我想再画十张。因为我的注意力容易变化，而且果园的景色也不会长久的。

恐怕不久后要画斗牛场了，同时也想画那繁星闪耀的天空；然后再完成几幅素描，以及像日本版画那样的素描。总之，打铁要趁热。

请你想象一年后的日子。那时候，我希望情况会稍微改善。到目前为止，我用去你不少钱，但愿我的作品售价，能赔偿或弥补你的损失，我一定要表现给你看。

不过，如果让这种情况继续下去，你恐怕就无能为力了。倘若你有困难，就请来函见告。那时候，我只画些素描就行了，因为这样比较省钱。

梵高完成了一系列的果园风景作品。由于作画时间过长，精神损耗又大，梵高的病痛又隐隐约约地在发作，并且越来越严重了。

附近的居民对梵高有一种显而易见的防范，他们一见到他神经质般的表情、怪异的行为、不修边幅的穿着就无法对他产生好感。每天居民们都能看见，他日出之前就背着沉重的画架跑出城去，头上不戴帽子，下巴急切地伸向前方，眼睛里带着一种狂热、兴奋的神情。他们看见他回来时，两眼像两个冒火的洞，头顶上红得像没有皮的鲜肉，腋下挟着一幅未干的油画，而且自己跟自己打着手势。他们觉得梵高大概是个疯子。

旅店主人尽其所能地骗取梵高的每一个法郎。因为当地居民几乎全在家吃饭，所以梵高买不到什么吃的。饭馆的价格昂贵，并且没有什么好吃的。梵高一向不在意吃的食物，而是有什么吃什么。虽然他越来越不注意他的肚子，阳光还是增强了他的生命力。苦艾酒、烟草代替食物补给着能量给梵高。他用了不知多少时间在画板前聚精会神地作画，这使他的神经变得迟钝，他需要刺激。苦艾酒使他第二天更加兴奋，这种兴奋受着西北风的鞭挞和太阳的熔烤而成为他自身的一部分。

夏季要到来了，风停下了狂暴的性子。可怕的酷热开始袭来，万物都活跃起来。梵高置身其中作画的阳光，也是变幻不定的。梵高的画上是一片明亮的、燃烧的黄颜色。他仍然不满意自己的画，希望能画出不朽之作来。只有在绘画时，他才觉得自己是活着的。成功的希望非常渺茫，但是他从不停歇。他可以没有家庭、妻子和孩子，他可以没有爱情、友情和健康，他可以没有金钱，没有可靠而舒适的物质生活，他甚至可以没有上帝，但是他不能没有绘画，那才是他的生命。

梵高从提奥的来信中得知，他生病了，而且正在看医生。梵高忧心忡忡，他担心提奥和他一样，在精神上出现什么毛病。医生劝告提奥，尽可能到乡间去休养一年。新鲜的空气和温和的气候，对他的健康有好处。

虽然提奥的疾病使梵高深为忧虑，但他仍念念不忘追求美妙的颜色世界。不久，提奥来信说，他的身体已经完全复原。这个消息使梵高放下了担忧的心情，他认真琢磨起成立艺术家之村的构想，可惜没有那么多的钱来支持他。

梵高在阿尔很难雇到模特，可能是阿尔民风比较淳朴的原因，没有人愿意给梵高当模特。当然，还有一个重要的原因是他们认为梵高不可能画出像样的画。无奈之下，梵高只好到妓院去寻找模特，老板给他介绍了一个 16 岁的女孩拉舍尔。拉舍尔经常和梵高开玩笑，要他把耳朵割下来当作报酬，因为梵高没有很多钱可以付给她。

因为在阿尔很难买到合心意的颜料，更加为了节省开支，梵高开始自己制造颜料，不再购买那些在巴黎流行的颜料。提奥请佩雷给梵高寄来三种铬黄、孔雀石、朱砂、赤黄铅、钴蓝和群青。梵高在房间里把它们捣碾碎，配成自己需要的各种颜料。这样一来，他的颜料不仅造价便宜，而且颜色更鲜艳持久。接着，梵高又开始改进画布的功能。因为他发现画布的吸收性能不强，画布上覆盖的那层薄薄的石膏涂层吸不进他涂上去的浓厚的颜色。提奥给他寄来成卷的未加工的画布，晚上他就在一个小碗里调好石膏，涂在他打算第二天画画用的画布上。

当梵高把第一幅阿尔油画寄给提奥时，附带说明了只能用什么样的画框，但是他还是不放心。他从杂货商那儿买来木板条，截成他需要的长短，然后把它们涂成和画的色调相协调的颜色。他制造颜料，做绷画布的框子，给画布涂石膏，画画，制作画框并且自己上漆。

梵高在他的房间里面画一幅静物画，一只蓝色搪瓷咖啡壶，一只金黄和深蓝两色的杯子，一支淡蓝色白花格的牛奶罐，一支蓝色底子上配着深浅不一的红色、绿色和褐色图案的意大利陶罐，还有两个橘子和三个柠檬。

梵高并不想只是单纯地把看到的景物复制下来，而是把更多的力量用于随意地借助色彩表现他自己。毕沙罗曾告诉他的技巧，必须夸张由色彩的和谐或不和谐所造成的效果。

梵高顶着毒太阳，在麦田里勤勤恳恳、专心致志地画了一天：一片翻耕过的田野，那是一大片似乎在向地平线攀登、泥土块呈紫罗兰色的田野；一个身着蓝色衣服的播种者；地平线上是一小片矮小的成熟的麦田；而天空中，是一片黄色和一轮金黄色的太阳。他给这幅画取名为"播种者"。

亲爱的提奥：

我在烈日照耀的麦田里忙碌了一个星期，完成麦田的画稿、风景与播种者的素描。紫色的土壤、宽阔

的麦田、穿着蓝白色衣裳的农夫。我在这里眺望着遥
远的地平线，放眼所及，是一片黄橙色的麦穗。上面
是黄色的太阳与天空。

《播种者》是梵高很久以来就想完成的作品。何况，这
有米勒不曾画过的东西，色彩丰富，画面宽广。

梵高好像把整个身心都卷入黄色的花粉里，连路上所碰
到的一切事物，似乎也都变成黄色的外貌。

亲爱的提奥：

　　近来，经常是烈日当空，阳光普照。除了太阳和
光以外，没有更理想的景象，我只画黄色、青白硫黄
的黄色、金色的柠檬黄。黄色多么美妙啊！

在阿尔，梵高终于认识了一个朋友，这个人就是邮递员
罗林。罗林是一个性情温和的老头，经常戴着他那顶蓝色的
邮递员帽子。他有一双温柔、好奇的眼睛和波浪似的长胡子。
这把胡子遮住了他的脖子和衣领，一直垂到他暗蓝色的邮递
员上衣胸前。在罗林身上，梵高感到一种和佩雷一样的使他
深受吸引的温柔和忧郁的气质。他的样子忧郁但不做作，他
那张很平常的农民的脸似乎和他那把浓密的希腊式胡子不大
相称。罗林当了二十几年的邮递员，仅靠自己可怜的一点薪
水养活他的妻子和四个孩子，他一生中几乎没有加过薪水。

梵高和罗林交上了朋友，他们经常在一起谈论一些生活上的问题，并且谈论梵高的画。罗林很喜欢梵高的画，也喜欢梵高这个人。梵高很想给罗林画一张肖像，罗林欣然同意，画好后题名为"邮递员罗林"。

梵高每天很早起床，因为要步行很久才能到他作画的地方。他却丝毫没有感到疲劳，每天都兴奋、愉快。换言之，即使他深感劳累，但是看到完成的作品，那种疲倦感也一扫而空。他几乎可以一天完成一幅大型油画。

梵高的钱用完了，日子又艰难起来。提奥的汇款要几天后才能到，梵高仅靠着咖啡和面包师赊给他的一个面包维持生命。梵高的情绪变得恶劣起来，他开始激烈地反对起自己的作品来，他认为他的画辜负了提奥对他的一片好心，他希望把他已花掉的那些钱赚回来还给他的弟弟。他一幅一幅地看着自己的画，责备自己这些画配不上为它们所付出的代价。有时即使有一幅还算可以的作品，他所花费的代价也比从画行买来这样的画还要多。

亲爱的提奥：

今天从早晨 7 时起一直工作到黄昏，我仅站起来走一两步路，吃些简单食物，所以，作品很快就完成了。不知道你对我寄去的作品有何感想？

这些色彩颇能提高我的工作情绪，因此我一点儿也不觉得累。我的脑海里，全是优美的自然景色，几乎忘了自己的存在，绘画像梦幻般地令我陶醉。

亲爱的提奥：

　　我这几天过得没精打采，星期二就把所有的钱都用光了，四天里，仅靠咖啡和面包过日子。

　　各方面都显得懒洋洋，断炊四天了，好不容易到今天才找到剩余的6法郎。中饭总算解决了，晚上只能吃一片面包了。

　　常常开口向你要钱，我心里也很难过，因为身无分文，实在没有其他法子可想。说来说去，都是我太热衷于绘画，不管口袋有没有钱就一口气买下许多画具和用品。

　　我完成了两幅公园的作品，其中《诗人之园》我认为还不错，我给它配上一棵黄色栗子树。《葡萄园》配上松树，也很理想。我的葡萄园呵，费了我不少心血。不知你看到这个葡萄园，有何评价？

　　整个夏天，梵高的创作灵感都好极了。他不得不像一台蒸汽机一样不停地干下去。但是现在他觉得脑子就像稠结的麦片粥，而且他甚至连一个能让自己快活一下，去吃一顿或者去看看拉舍尔的法郎也没有。他有时想，这个夏天他所画的一切都非常非常糟糕；有时又想到生命是短促的，它转瞬即逝，作为一个画家，他必须继续画下去。他在精神上折磨自己，随即又宽慰自己，他的精神状态快崩溃了。

梵高开了一长列颜色的名单准备寄给提奥。突然，他醒悟到在他开列的单子中，没有一种颜色是在其他人的调色板上出现过的。阿尔已经使他彻底脱离了荷兰的传统画派。

钱寄来后，梵高找了个地方美美地吃了一顿。这家饭馆很古怪，里外都是灰色的。地板就像大街的灰色沥青路面，墙上是灰色的墙纸，绿色的百叶窗一向紧闭，门上也挂着挡外面飞尘的绿色门帘。他休息了几天后，决定画一些描绘夜晚景象的画。在顾客吃饭、女侍前后招待照应的时候，他画了那家灰色的饭馆。

梵高又画了一幅咖啡馆的画，先是从外部开始，然后到它的内部。他企图用红色和绿色来表达人的可怕的欲望。他把咖啡馆的内部画成恐怖的几种对比色，墙壁是暗红色，地板是明显的黄色，中间一张弹子台则涂成绿色，桌面画成蓝色，又画了四盏柠檬黄的灯放射出橙色和绿色的光。在那些睡着的流浪汉小小的身躯上，他使用了最不相容、对比最强烈的红色和绿色，以造成一种不可调和的对比。他在试图表达这样一种想法：这个场所是一个使人破产、发疯或犯罪的场所。

亲爱的提奥：

　　热忱的信件和法郎已收到，谢谢你。我担心了好几个星期，现在总算心情舒畅了。最近的作品的性质各不相同，但都能与《吃土豆的人》相提并论。

我用色彩把狂热的感情通通表现出来，房间用暗红色与明显的黄色，中央配上绿色圆台，四盏灯发出橙色与绿色的光芒。我想把咖啡馆描画成一个使人堕落、疯狂与犯罪的场所。

用水彩调配之后，明天给你寄去，请你指正。

梵高准备搬家了，因为旅店老板又增加了租金，还要梵高缴纳存储费。梵高无法忍受，也负担不起。一天傍晚，梵高和罗林一起穿过拉马丁广场时，他发现在离他住的旅馆一箭之遥的地方，有一幢黄颜色的房子，上面写着"待租"的广告。这所房子中间有个院子，两旁是楼房，它正对着广场和山坡的市区。梵高一眼就看中了这幢房子。

第二天，梵高兴奋得什么事也干不下去。他只管在拉马丁广场上踱来踱去，从各方面观察着这所黄房子。它建造坚实，阳光充足。经过进一步仔细察看，梵高发现这所房子有两个单独的门，而且左边一侧已经有人住了。

罗林吃过中饭就来找他，他们一起走进这所房子的右侧。门厅里有一条过道通向一个大房间，大房间外带一个通着的小房间。墙壁粉刷成白色，门厅和通往二楼的楼梯是用干净的红地砖铺就的，楼上还有一个带有小房间的大房间。纯净明亮的阳光照在擦洗过的红砖地面和粉刷过的白墙上。

梵高决定租下这房子。出乎他意料的是，这一整套房子的月租金才 15 法郎，比他住旅店还要便宜。梵高到外面买了一张便宜的床垫和一把椅子搬回了黄房子。他决定用底层的房间做卧室，上面的房间做画室。他又到外面赊了一个小煤气炉、两口锅和一盏煤油灯，又买了咖啡、面包、土豆为自己准备了晚餐。他终于有了一个属于自己的"家"。

亲爱的提奥：

我把新作品《夜晚的咖啡馆》，跟以前完成的其他画，都给你邮寄去了。将来也许要进行日本的版画呢。

昨天打扫房间，忙了一整天。两张新床铺都很坚固……此外又买了两套棉被。如果高更或其他朋友来，床铺就不用担心。不过，这么一来，却把大部分的伙食费用光了。

如果你和高更能来，我就先收拾房间，在白色墙壁上挂上黄色的向日葵。

高更来信了，他现在的处境比之前还要困难。他不仅疾病缠身，而且一分钱都没有了。现在还被住处的老板扣留了，因为他付不起账，所有油画都被拿去抵债了。梵高深深地同情他的朋友。他突然产生了一种想法，他想要高更来与他同住，这所黄房子完全可以住下两个人，他们每人都可以分别有自己的卧室和画室。如果他们自己做饭、研磨颜料并且不

向日葵

乱花钱，他们就可以靠提奥的 150 法郎活下去。阿尔的阳光会把高更的病全都烧光，就像他刚来阿尔时一样。

梵高太喜欢他现在的住地了，他用提奥寄给他的钱买了一张桌子和一个有抽屉的柜子。他已经打算在阿尔待一辈子了，他想成为一个南方画家。他用最少的钱去买最低限度的生活必需品，而把剩下的所有的钱都花在布置这套房子上。他把重新焕发出来的创作活力投入到工作中。他知道了，长时间地观看事物才能使他的思想更成熟、理解更深刻。

为了画山下那片田野，梵高去过那里无数次。风把画架吹得猛烈摇摆。这样一来，他要把感想和画法相结合，并在画面上完美地交织在一起就更困难了。他常常从早到晚，一整天都在作画。秋天就要过去了，梵高想在冬天来临之前赶快画一些好的作品。他画了一幅秋天的花园景色：两株丝柏树，像酒瓶那样的深绿色，形状也是像酒瓶似的；三株矮小的栗子树，挂着烟叶黄和橙色的叶子；还有一棵长着淡柠檬色叶子和紫罗兰色树干的小紫杉和两丛血红色的、长着深红色叶子的矮矮的灌木；以及一片沙地、一片草茵和一片蓝天，空中旋转着硫黄色的火球。

在他完成这幅《秋天的花园》后不久，冬天来了。

和高更一起生活

梵高几次请求高更前来同住，但是高更当时生活潦倒又生了病，根本支付不起路费。梵高一向是靠提奥维持生活，根本没有多余的钱。恰好这时候，梵高的一个叔叔去世了，他留给提奥一小笔遗产。提奥知道梵高一直以来渴望与高更相聚的心愿，他把这笔钱汇给梵高，当作高更的路费。梵高欣喜万分。

他急忙为高更的到来作准备。先是开始为房子设计装饰品，他想画上一打光辉灿烂的阿尔向日葵镶板，一组蓝色和黄色的"交响乐"。后院的一排夹竹桃树像是发了疯，花开得如此繁茂，很可能得了水和养分失调的毛病。桃树上缀满新开的花朵，中间还有开败的一些，这些夹竹桃的勃勃生机一直在源源不断地更新着，补充着、似乎永远开不败似的。

梵高到处去寻觅他理想中的向日葵花"模特"。耕耘过的田野上，土地是柔和的棕色，天空点缀着片片白云。有一些向日葵花是他在黎明时分对着长在地里的向日葵一挥而就，其他的则是他带回家放在一个绿色花瓶中画成的。在他的画将近结束的时候，高更到来了。

梵高带着高更上了山，阳光炙热地烘烤着一切。田野上，士兵们正在操练，他们红色的土耳其帽在太阳底下闪闪发光。穿着鲜艳的夫人们悠闲地散着步，梵高在高更面前不停地夸赞她们的美貌。

高更住下来以后，除了谈论绘画的时候，其他的时间两人都相处融洽。他们经常为如何作画争论不休，对作品的评价和其他作家的看法也毫不相同。高更崇拜的那些画家，是梵高所轻视的。梵高认为了不起的人，却被高更所嫌恶。他们在绘画的每一个问题上都持有异议。也许在任何问题上，他们都能平静而友好地讨论，唯独绘画却是他们生活中最重要的东西，他们都竭尽全力地为各自的思想而战。

高更比梵高野蛮，梵高却比高更暴躁，两人的辩战实力旗鼓相当。梵高的激动情绪，高更一点也控制不住。高更赞同冷静地把自己看到的景物画下来。梵高丝毫不认同，他认为作画就需要激情，需要热血沸腾。当他画太阳的时候，希望使人们感觉到它是在以一种惊人的速度旋转着，正在发出威力巨大的光和热；当他画一块麦地时，希望人们感觉到麦粒内部的生命正朝着它最后的成熟和绽开而努力；当他画一棵苹果树时，希望人们能看到苹果里面的果汁正要把苹果撑炸！

从梵高画的正在劳作的农民画中，可以感受到农民已经融入了他耕种的土地，而土壤也融会到农民身上。太阳正注入农民、土地、庄稼、犁和马的身体内，恰如他们反过来又注入太阳中一样，强烈地感受到世界万物正在生生不息地运动着。

高更不想和梵高辩论下去了，因为梵高太激动了，使高更有些害怕。好像有一团烈火在他的身上燃烧似的，他控制不住颤抖的身躯。那团火越烧越大，像是一瞬间就要把他吞噬掉。

炎热的夏季在不知不觉间到来了，乡村的颜色更加热闹起来。深浅不一的绿色、蓝色、黄色和红色如此丰富，叫人看了为之惊讶。凡是太阳照得到的地方都被烤得干透了。罗讷河河谷在一波又一波巨大的热浪冲击下颤抖着。他们的皮肤被阳光灼伤了，神经被痛感鞭挞着，使他们头痛欲裂。

在燥热的空气中，两人争论的温度不断上升。他们由于太疲劳、太兴奋而不能入睡，于是把剩下的精力用来互相对付，他们互相挖苦、恶意攻击对方的理论和崇拜的画家。为了不错过他们自己和大自然都将成熟结果的时刻，他们着了魔似的工作着。一天又一天，他们用自己热情的画笔战斗；一夜又一夜，他们由于各自那种强烈的自我中心而吵架斗嘴。黄房子中每时每刻都充满浓浓的火药味。

提奥寄来了钱，他们立刻去买烟草和苦艾酒。天气热得人吃不下饭，原以为苦艾酒可以使他们兴奋的神经平静下来，没想到是火上浇油。

这时，阿尔笼罩在一片无法抑制的惊慌不安的气氛中，接连发生多起暴力行动。没有人笑，没有人说话。石头屋顶在阳光下面灼晒着，反射出刺眼的光。空气中能觉出有一种灾难当头的味道。

阿尔的空气已经紧张得要发疯，就像患了癫痫病，有一股神经质的骚动，并且肯定会最终发作，猛烈痉挛起来。梵高发生的任何事情都置之不理，依然到田野上去作画。他需要这种耀眼的炎热把他内心感受到的狂热激情融化成液体。他的脑子就像一个燃烧的熔炉，烧出一幅又一幅炽热的油画。每完成一幅油画，他都更加强烈地感到离他期望的日子不远了。他现在的画作已经远远超过了去年夏天的作品，而且永远也不可能再创作出像这样充分地表现大自然的本质的画了。

梵高从早到晚不停歇地画，一天画成两幅，有时甚至三幅。每一幅画都是用他的生命创造出来的，他费尽了精力和体力。他不在乎可以活多久，他想把自己的生命燃烧在挚爱的事业上，希望得到不朽之作。

对梵高来说，时间不是用一个个具体的日期，而是用一幅幅画出的油画来计算的。他感觉他的艺术已经达到了顶点，这是他一生的最高点，这是所有这些年他努力奋斗、孜孜以求的时刻。他不知道这一时刻会延续多久，他只知道他必须作画，这才是他的生命。

高更对梵高所画的向日葵很赞赏，并画了一幅《画向日葵的梵高》。梵高一如既往地给提奥写信。

亲爱的提奥：

最近，我跟高更提到莫奈那幅画——日本式的大花瓶中插着向日葵。我认为画得美极了。高更却不这么看，他说更喜欢我的向日葵。

我不敢相信。40 岁以前，如能完成一幅这样不朽的画，我想一定可以在艺术界占一席之地。……

我跟高更热烈讨论一些画家的作品，我们讨论得很激烈，讨论完毕后，我的头就像枯萎的花朵，非常疲劳。

我感觉得出来，高更对这儿不满意了，尤其是对我。

梵高白天作画，晚上和高更争吵，他几乎没有时间可以休息了。他很少吃食物，只是大量地抽烟、喝酒。时刻被创作的情感折磨着，梵高似乎又陷入了无尽的精神深渊。

高更厌恶了彼此争吵不休的日子，他提出离开这儿。梵高不顾一切地挽留他，恳求、诱惑、诅咒、威胁，一切的手段都用上了。高更暂时妥协了，但他明确表示受不了这种争论不休的日子了。梵高沉默了，神情忧郁，他几乎不和高更说话，有时甚至一天也不拿画笔，只是静静地凝视着之前的作品。

梵高突然说了"全是失败的作品"这句话，高更不理会他，只当作是他的胡言乱语。梵高走进卧室，他看到镜子里自己布满血丝的双眼，茫然、无神、呆滞。他的脸颊只剩下骨头，毫无生气，如同将死之人。

割耳朵的梵高画像

梵高平静甚至是无意识地拿起桌边的剃刀，没有任何表情地从左边脸颊用力一划，耳朵掉下一块。梵高痛苦地大叫一声，鲜血像洪水一样喷发出来。梵高顺着脖子不停滴落鲜血的样子，把高更吓呆了。梵高仍是一副满不在乎的样子，他扔掉剃刀，用毛巾把头包上。他从脸盆里捡起他割掉的部分，洗了洗，用几张速写纸包起来，又用报纸把它包成一个包。

他把贝雷帽戴上遮住他头上厚厚的绷带，然后下了楼梯走向大门。接着他穿过广场，上了山，拉响了妓院的门铃，找来拉舍尔，把包着耳朵的纸包给了她。她打开看后，惊恐地叫了一声后晕倒了。

梵高也晕倒在地，随后而来的高更把他送进了医院，然后离开这里回巴黎去了。提奥赶来照顾梵高，他百般劝慰梵高，心中却担忧不已。梵高得知高更已经离开了，他沉默不语，谁也弄不明白他的心中在想些什么。

精神崩溃的边缘

医生的诊断是梵高的癫痫病发作了，他需要长时间住院治疗。提奥告诉梵高自己很快会与荷兰姑娘乔安娜·邦格结婚，自己很爱她。梵高为提奥找到心爱的人感到高兴。提奥在阿尔待了两天。医院雷伊大夫向提奥保证梵高会很快恢复过来，并保证会把他的哥哥不仅仅当成病人而是像朋友一样照顾。提奥放心地回去了。几天后，雷伊大夫同意梵高可以画画了，但不能太劳累。

梵高耳朵的伤差不多痊愈了，他画了一幅割了耳朵后的自画像。也许这幅画能真实地反应他的心情，他面色沉郁，眼中露出挣扎、狂暴的神色。邮递员罗林每天晚上都来看他，还为他带来帮助睡眠的樟脑。

医院里有开满鲜花的花园，还有幽静的石子小路，每天梵高都要走上一段。雷伊大夫亲自给梵高做模特，梵高画完肖像后，把它送给了雷伊大夫，以感谢雷伊大夫对他的照顾。梵高的健康在慢慢地恢复，他写信给提奥让他放心。

梵高终于可以出去写生、作画了。他没有像以前一样毫无节制地耗费身体，每天都保持正常的休息和饮食。像正常人一般地生活，使梵高无法把握手中的画笔，因为他的作品非得有澎湃的激情不可。雷伊大夫在他出院时，告诫他说："要知道你是个非常神经质的人。当然，许多艺术家在平常人的眼中都是不正常的。你的神经却比他们更加敏感，因此你要小心，不要使自己陷进情绪中去，否则对你的损害太严重了。"

按照雷伊大夫的劝告，梵高坚持了几天，他发觉那样的生活他过不下去。画家不能创作，与死人无异。他又开始不戴着帽子到田野去，太阳的烘烤使他的激情散发出来了。随着他的情绪的激动上涨，他的食欲下降了，他开始靠咖啡、苦艾酒和烟草维持生命。他的创作力却重新回来了，每天都有新画。就这样，他一气呵成地画成了 37 幅油画。

在一天早晨，他发觉自己又开始发愣和迟钝，一些奇怪的声音回响在他的耳朵里。他恍恍惚惚地走到一家饭馆，突然他感觉别人想毒死他，于是他摔碎盘子，踢翻桌子。一会儿后，他又呆若木鸡地坐着一动不动。最后警察把他送到山上的医院里。

在医院待了一个月，梵高出院了。他的邻居们已经非常厌恶他了，他们叫他"疯子""怪物"。没有一家饭店愿意招待他。孩子们见到他先是躲开，然后嘲笑。梵高愤怒地把所有能拿起来的东西扔出去，把它们摔得粉碎。他的椅子、脸盆，他的画架、镜子，他的桌子、床单，还有他的墙上的向日葵画，像雨点一般扔向人群。人们被梵高的行为吓住了，忙要求把这个疯子关进监狱。

雷伊大夫把梵高担保出来，并给他找了一家环境比较好的疗养院。医院在圣雷米，离梵高居住的地方只有 25 公里，原来是个修道院，紧靠着山腰，景色极佳而且非常幽静。医院按三个等级收病人，三等病人每月收费 100 法郎，有专门的医生给病人治病，日常有修女们照顾，伙食也清淡可口。

梵高被送到了那个医院，他放下行李，朝四下里看了看。病房两边各有一排倾斜的床，每张床的四周都支着架子，上面挂着肮脏的帘子。屋顶上的梁木十分粗糙，墙壁刷成白色。房间中央有个炉子，炉子左侧伸出一根带拐弯的烟囱。室内有一盏灯，吊在炉子上方。

屋里的人很安静，一言不发，只是倚着自己的手杖，凝视着那个炉子。梵高随后便朝外面的花园走去。半路上他经过了一排看上去又阴暗又潮湿、紧锁房门、无人居住的房间。内院的回廊满目荒凉，巨大的松树下面有一片片高高的未经修整的杂草。阳光照进围墙，留下一片呆滞不动的光影。

吃饭的地方是一间泥土地面、没有窗户的房间，里面只有一张粗糙的长桌，周围放着板凳。修女端来食物，那些食物有一股霉味，接着是汤和黑面包，还有一些青豆和扁豆。他的病友们全力以赴地吃着，连桌上的面包屑也拈到手里，然后用舌头舔光。

吃完饭，这些人回到炉边各自原来的椅子上，直到他们感觉困了，便脱下衣服，拉上帘子睡觉。晚上，一些病人大喊大叫，梵高根本无法入睡。不到一个月，他已经目睹了数十种不同病人发病的样子，一种可怕的沮丧和恐惧袭向他。三等病房的病人没有很好的待遇，他们只能互相帮助。慢慢地，梵高觉得同屋的病人不再可怕了，他们比那些正常人好相处。

亲爱的提奥：

来到这里，情况很好。在这里可以看到形形色色的疯子，但我并不觉得恐怖。我的房间很小，窗户装设了铁栏杆。放眼望去，是一片麦田，太阳放出耀眼的光芒。这里共有三十多间病房，其中有一间让我当画室用。

伙食就像巴黎的廉价餐厅一样，但饭量都是固定的。这里的病人无事可做，他们不读书，只会玩牌或打弹子。

雨天，我们的房间就像乡下车站的候客室一样，病患里那些经常戴帽子、手持拐杖和穿旅行外套的人，就像要出去旅行一样。他们也经常发生吵闹和争执。幸好管理员很了解这种状态，病情发作时，就心平气和地协助他们排忧解难。

提奥寄给梵高一册莎士比亚的合订本。他阅读了《理查三世》《亨利四世》和《亨利五世》。提奥结婚了，他和他妻子乔安娜经常给梵高写信。提奥身体不好，梵高对弟弟的担忧甚过自己。

梵高知道只有绘画能使他恢复健康，他请求主治医生佩隆大夫给他找一间小画室。佩隆大夫同意了。小画室朝着一片麦田，窗户上装着粗黑的铁条。梵高每天画下他看到的不同景物，一幅画是横遭暴风雨摧毁的麦田，麦子倒伏在地上。沿着山坡有一道墙，越过几棵叶子呈灰色的橄榄树，有几处茅舍和小山。在画面的上方画着一大片灰白色的云，淹没在碧蓝的天空中。

亲爱的提奥：

来到这里以后，常在几棵大松树下画那些乱草丛生的庭园，一次也不曾出外写生，所幸此地的田园风景极佳，我打算慢慢走出去看看。

我会寄四幅田园风景画给你，让你知道我在这里的情况不坏。总之，阳光是一直不错的。我昨天画了一只大鹅，因为它的颜色太漂亮了。为了要仔细把它画好，我不得不杀死它。

你若收到我的画，不妨各送一幅给高更及贝尔那尔作纪念。

小画室里能见到的景色已经满足不了梵高了，他请求到外面去作画。得到首肯后，他每天早上带着一块空白的画布出去，把燃烧着他激情的景物全都画上。梵高像是回到了在阿尔的时候，他精神高涨，接连写了几封信给提奥。

亲爱的提奥：

　　最近的日子过得很有意义，我开始到野外作画了。已经完成了12幅画，其中有两幅是极不容易配色的松树画。我把前景配上另一种色调，衬托出坚硬的地面，然后再加上其他色彩。这样画诚然令人劳累，幸好陶醉于画景里，也就不觉得疲倦了，请你不必担心。

　　以前，每当我作画完毕，总觉得无聊得要死。这是怎么回事呢？一想到自己有病在身，才来此疗养，就忍不住害怕起来，而且什么也不敢想了。

　　我的神经被证实有病，然而，我希望再次恢复健康。我渴望做一个有用的人，至少要画些更好的作品，这种信念使我振奋，请你放心。

亲爱的提奥：

　　今天，我在烈日下，坐在麦田里绘画，一点儿也不觉得辛苦。阳光闪闪发亮，放眼所及之处，麦田尽是一片黄色。

　　这里根本看不见油菜和荞麦，谷类也没有我们故乡多。我不断地画那些在开花的荞麦田、菜园和麻田。这里也看不见茅屋、栈房和杂树等。我再给你寄一打素描去。麦穗、松树、蓝天和罂粟恐怕是最好的景色了。

　　昨天，我跟医生聊天，我必须再忍耐一年，才能
把病治好。

　　不久后，梵高收到提奥的回信，信里告诉梵高，他快要
当父亲了。他为自己的儿子取名为"文森特"，和梵高一个
名字。梵高看到这个消息后，高兴地大叫起来。提奥随信又
寄来一些钱给他。有了这些钱，梵高就可以到阿尔把自己的
画取来了。

　　提奥又写信告诉梵高，他的《葡萄园》以 400 法郎卖出
去了。提奥认为这是好的开始，可能用不了多久，梵高的作
品将会闻名于世了。这幅画也是梵高生前唯一卖出去的作品。

　　随着深秋的来临，梵高的创作力也充分地发挥出来。他
渐渐熟悉了圣雷米周围的乡村，并且渐渐喜欢上了这个地方。
提奥经常来信鼓励他，他也确信自己的画正取得显著进步。
他已经打定主意，出院后，他就在圣雷米乡间租一所房子，
继续画画。

　　梵高经常担心他的精神会像以前那样再次崩溃。虽然他
画画的心情迫切，但是想到自己的健康问题，他节制了许多。
一天，他在田野边写生时，神志又开始错乱了，胡言乱语不
停，无法控制自己的身体。直到深夜，医生和看护们才找到
他，把他带回医院。一个星期后，他的神志才恢复正常。冬
天要到了，梵高的状态低落下去，医生也不准许梵高出去写

生。他临摹了德拉克罗瓦的《善心的撒马利亚人》、米勒的《播种者》等。

亲爱的提奥：

　　现在，我的神志已经恢复常态，情绪也完全复原了。照这种情形看来，如果病情再继续发作，头脑混乱、无法作画的情况更严重，我的生命大概也快完结了。

　　院长虽然劝告我，希望病情不要发作才好。依我看来，这恐怕要等待相当长的时期，至少要挨过数年才行。

　　在巴黎时，病状是潜伏在身体里，与其那样，倒不如干脆像现在一样发作出来才好。

　　现在刚完成一幅自画像，背景鲜明，若跟巴黎时的自画像相比，我的表情显然比以前显得更茫然。

　　梵高的病是周期性的，一段时间发作一次。这个疗养院的宗教氛围也深深困扰着他。

　　从在博里纳日那个时期起，他已经对所有那些在宗教信仰上的夸张表现厌恶到了极点。他时常感到修女们的祷告在折磨着他的心灵。梵高的病又发作了，他想离开圣雷米了。他给提奥写了一封诉说心情的信。

亲爱的提奥：

　　我的病情在发作后刚有好转，提笔写信的速度很

在圣雷米的代表作《星空》

慢。神志仍有些模糊，我大概快不行了。

不久前，作画进度还算顺利，最后画好的那幅巴旦杏花恐怕是在这里最好的作品了。这幅画算是我最努力、最有耐心完成的了。

我现在该怎么办呢？该有些什么计划？心里一片茫然。不过，我一定要离开这家医院。我已经忍无可忍了，一心想换一个环境，再坏的地方也不要紧。

提奥同意了梵高的决定。两天后，梵高离开法国南部，乘坐火车回巴黎。

最后的疯狂

提奥很早就开车到火车站，他担心梵高的头脑还没有恢复正常。乔安娜在家里照看刚生下的婴儿，她站在皮加莱区公寓的阳台上心神不定地等着他们。梵高第一次见到乔安娜，她是一个善良、温柔的女性。当他见到小小的文森特后，心中的滋味难以描述。他这一辈子是不可能有自己的家庭和孩子了。

晚上，朋友们到提奥家来欢迎梵高的到来。曾经高度赞扬他的评论家奥里埃也来了，他们第一次见面，可能是因为作品的关系，两人如同多年不见的朋友。劳特累克仍像以前一样，用愤恨的语气开着粗俗的玩笑。卢梭等人陆续到来，客厅里热闹起来。

梵高发现修拉没来，忙询问原因。原来修拉劳累过度，得了肺病，医生断定他活不过 31 岁了。

第二天，墙壁上挂满了梵高的画，有《吃土豆的人》《阿尔的风光》和《开花的果园》等，都是他不同时期的作品。放在床、沙发、餐具柜底下和满满当当塞在备用客房里的大批未装画框的油画令人束手无策。梵高一幅幅看着自己的作品，他作画的技巧在不同的作品上不断提升。

梵高无意中翻到一大捆用粗绳系起来的信件，他惊诧极了。这些都是他给提奥写的，从离开家乡到古皮尔画行工作的第一封信到现在，他 20 年来所写的信，一封不缺地保存下来了，那是整整 700 封信。

在书桌的另一侧，他发现了过去 10 年中他寄给提奥的素描，全都整整齐齐按照时期先后排好了。有博里纳日时期画的那些正俯身在矸石山上的矿工和矿工的妻子们，有埃顿附近田野上的挖掘者和播种者，有海牙的老人和老妪、格斯特的挖掘者，以及斯赫维宁根的渔夫，有纽恩南的吃土豆的人和织工们，有巴黎的饭馆和街头风景，有在阿尔初期画的向日葵和果树的速写，还有圣雷米疗养院的花园。

提奥向梵高说起加歇大夫。加歇大夫不仅是优秀的精神病专家，而且热爱艺术和艺术家。他 20 岁来巴黎学医，而后成了库尔贝等人的朋友，时常出入于拉努瓦咖啡馆，很快和马奈、雷诺阿、德加以及莫奈结成知己。加歇大夫的花园、起居室的东西，几乎每一件都曾被人画过。毕沙罗、吉劳曼、西斯莱、德拉克罗瓦，他们全都离家到奥维尔的加歇家工作过。在他的墙上还挂着塞尚、劳特累克和修拉的油画，他们都是朋友。

自从加歇大夫在画展上看过梵高的画，他一直很想结识这个独特的画家。梵高决定到他那儿去，提奥也是这个想法。

梵高和加歇大夫一见面，彼此的印象非常好，他们像是已经认识了很久一样没有生疏感。

加歇大夫在奥维尔给梵高物色了一间客店，连同吃饭一天收费6法郎。

梵高觉得价格太高了，他在乡公所对面找了一家小饭馆，是在奥维尔附近干活的农民和工人聚集的地方。在这儿，梵高一天3法郎就可以解决食宿了。

梵高拿了画架、颜料、画布和油画笔，又带上一幅以前画的阿尔的一个女人的画像，走了一大段路找到加歇大夫家。

加歇大夫的房子是一座三层楼的楼房，建造得非常牢固。他房子的起居室很大，也很高，但只有两个对着开的小窗户。尽管房子很大，但里面被黑色的家具、古董和小古玩塞满了。

加歇大夫为梵高介绍了屋里的摆设，德拉克罗瓦画过的花瓶，库尔贝坐过的椅子，德穆兰从日本带回来的盘子。吃完丰盛的午餐，梵高决定到花园中去作画。加歇大夫让他的儿子保罗将画架扛过去摆好。

在梵高作画的过程中，这位大夫围着他团团转，时而狂喜，时而惊愕，并且夹杂着无数次的尖声感叹。梵高极力忍住控制加歇大夫大呼小叫的想法。

梵高画完花园后，就同加歇大夫一同进了屋。他把带来的那幅画像给大夫看，奇怪的是这位大夫直言不讳地宣布他不喜欢这幅画。经过仔细研究后，加歇大夫又改变了他的看法，开始喜欢这幅画了。梵高决定把这幅画送给他，因为他没钱付医疗费。

　　加歇大夫是梵高在奥维尔唯一的朋友。他为大夫画了一幅肖像。他头戴白帽，身穿蓝色长外套，背衬着钴蓝色的背景。他画的头部用的是很淡、很轻的色调，手部也是很浅的肉色。他让加歇倚着一张红桌子，桌上放着一枝开着紫色花朵的指顶花，右手托着脸，头很忧郁地歪在手上。加歇大夫很喜欢这幅画，梵高从未听见过别人对他的画这样赞美。加歇大夫坚持要求梵高为他复制一幅，当梵高同意时，大夫真是高兴得无法形容。

　　时间悄悄流逝了。梵高去画山上的天主教堂，只画了半截就觉得疲乏不堪，甚至不想把它完成了。过去曾经使他为之兴奋、战栗的自然景象，如今只让他觉得平淡无奇。他对大自然的爱并没有消失，他只是感到很累，他的生命已经耗尽了。

　　整整一个月，他仅仅画了五张油画。他觉得疲劳，说不出的疲劳。他觉得头脑空虚，生命的源泉已经枯涸。仿佛在过去十年里，从他手下涌现出来的成百上千的素描和油画，已经带走了他的全部生命。

　　提奥的儿子小文森特也病了，提奥则面色苍白而憔悴。提奥这一段时期的境况不好，古皮尔画行的经理曾威胁辞退他，因为提奥为了印象派的作品而忽略了正常的营业，在过去一年中画行一直是赔钱的。那个经理之所以敢这样，一个重要原因在于梵高伯伯家的股权已经全部卖掉了。小文森特的病情稍见好转的时候，梵高回到了奥维尔。如果提奥失了业，他们的日子都没法过，何况提奥的健康状况又不佳。梵高没有钱吃饭，也没有钱买颜料和画布。在这样困难的时期，他是不能向提奥要任何东西的。

1890年7月，梵高的癫痫病再次发作，他的精神状况差到了极点。提奥担心他会因为丧失理智而做出无法改变的事情来，经常提心吊胆。

梵高尝试作画，但是没有用，因为他再也没有激情。很快就到了7月中旬，尽管提奥还在为公司的事情烦恼，为孩子的看病账单发急，他还是设法挤出50法郎寄给他哥哥。梵高把这些钱交给住宿的饭馆，这可以使他差不多能维持到7月底。这以后怎么办呢？他不能指望再从提奥那儿得到钱了。加歇大夫也说过，癫痫病人在经历数次急性发作之后，会完全失去理智。他不想再次被关进疗养院，但是他又不能避免疾病的发作，他不想被疾病控制。

梵高画了生命里的最后一幅画，名为《乌鸦群飞的麦田》。中午，当太阳燃烧到一天中的最高温时，天空突然出现了一大片黑鸟。它们充满空中，遮暗了太阳，好像要把万物埋没在拍打着的翅膀聚积而成的一团不透气的黑色浓云中。

精神已经到崩溃边缘的梵高，感到自己应该向这个世界告别了。

绘画是他一生的事业，比他的生命更重要，他要以一切来捍卫它。现在他连自己的神志都控制不了,活着对他而言,没有任何实质性的意义了。他想起了第一次深爱的女孩厄休拉,想起她美好的身姿及毫不留情的拒绝;想起了刻在他灵魂深处的凯温柔的身影;想起了可以称为唯一的妻子的克里斯汀;想起了第一个把爱献给他的玛戈特;想起了他所有的画家朋友……

梵高用最大的毅力支撑着不断摇晃的身体,他踉踉跄跄地穿过广场来到山丘,毫不迟疑地拿出手枪向自己的胸前开了一枪。当时,梵高已经无法控制自己的行动,子弹并没有打中要害,鲜血从他的身体里不停息地涌出,像是要把天空都染红。

梵高被送进了医院,虽然没有一枪致命,但是他的生命也快要消逝了。提奥接到梵高重伤的电报后,急忙赶来。他坐在梵高的床边,看着奄奄一息的哥哥,泪像小河般流淌下来。这是他最敬爱、最支持的人,而这个人马上就要离去了,永远地离去。

梵高用瘦骨嶙峋的手轻轻握住提奥的手,微笑着说:"再见了,提奥。"他的眼睛射出纯净的、欣慰的光芒,脸上也是安详、温和的神态。他好像在思索着。

也许他想到了他开枪前的最后一幅画《乌鸦群飞的麦田》,画面的大部分仍然是他最喜爱的金黄色,但却充满不安和阴郁。乌云密布的沉沉蓝天死死压住金黄色的麦田,沉重得叫人透不过气来,空气似乎也凝固了。一群凌乱低飞的

梵高自画像

乌鸦、波动起伏的地平线表现了压迫、反抗和不安，给人不祥的触感。

也许他想到的是在圣雷米疗养院里画出的《星空》，那是多具震撼力的画啊。在不同层次的蓝色里，一些节奏颤动的线条，映衬出美丽的雕塑般的头部和具有结实造型感的躯干。画面的一切都呈蓝色或蓝绿色，深色衬衣和带红胡子的头部除外，从头部到躯干，再到背景的所有的色彩与节奏的组合，以及所强调部位的微妙变化，都表明这是一个极好地掌握了技巧的艺术家，仿佛是清醒的梵高画下了精神崩溃的自己。

也许他想到的是最喜爱的那幅《向日葵》，黄色和棕色调的色彩表现出充满希望和阳光的美丽世界。盛开着的向日葵像闪烁着的熊熊的火焰，是那样艳丽、华美，同时又和谐、优雅甚至细腻。

但是最后，梵高拼命想抓住的这个世界还是缓慢却无情地溜走了。

1890 年 7 月 29 日，梵高再也没有醒来，永远沉睡在奥维尔。

梵高死后，他的声名越来越大，作品受到人们疯狂的推崇。《鸢尾花》以 5390 万美元的高价卖出;《向日葵》系列中的一幅卖出 3950 万美元;《加歇医生像》以 8250 万美元的价格卖给了日本收藏家;《拿烟斗的男孩》拍卖价 1.0416亿美元，这是现在世界上卖价最高的艺术品之一。这对梵高而言，是悲哀还是幸福?